本书受铜陵学院科研启动基金（2014tlxyrc04）和
规划基金项目（AHSKQ2016D111）资助

全球价值链下长三角自主创新路径研究

曲泽静　著

中国财经出版传媒集团

经济科学出版社

Economic Science Press

图书在版编目（CIP）数据

全球价值链下长三角自主创新路径研究／曲泽静著.
—北京：经济科学出版社，2017.8
ISBN 978-7-5141-8384-9

Ⅰ.①全… Ⅱ.①曲… Ⅲ.①长江三角洲-区域经济-发展-研究 Ⅳ.①F127.5

中国版本图书馆 CIP 数据核字（2017）第 213251 号

责任编辑：凌　敏　张　萌
责任校对：郑淑艳
责任印制：李　鹏

全球价值链下长三角自主创新路径研究
曲泽静　著
经济科学出版社出版、发行　新华书店经销
社址：北京市海淀区阜成路甲 28 号　邮编：100142
教材分社电话：010-88191343　发行部电话：010-88191522
网址：www.esp.com.cn
电子邮件：lingmin@esp.com.cn
天猫网店：经济科学出版社旗舰店
网址：http://jjkxcbs.tmall.com
北京财经印刷厂印装
710×1000　16 开　10 印张　160000 字
2017 年 9 月第 1 版　2017 年 9 月第 1 次印刷
ISBN 978-7-5141-8384-9　定价：32.00 元
（图书出现印装问题，本社负责调换。电话：010-88191510）
（版权所有　侵权必究　举报电话：010-88191586
电子邮箱：dbts@esp.com.cn）

前　言

经济全球化和信息技术革命的兴起，改变了原有劳动力分工合作形式，整个生产过程被分割为研发设计、生产、销售等不同环节，不同国家（地区）依据各自比较优势参与全球价值链，形成了全球性生产网络。国家（地区）对核心和关键技术的占有状况，直接决定了在全球价值链中的地位和国际竞争力的强弱。

发达国家拥有较强的技术、资源基础，在全球价值链中占据主导地位；发展中国家通过廉价劳动力资源等相对比较优势，低端嵌入全球价值链中，在全球价值链分工中处于附属、不利的地位。

作为正在崛起的世界第六大城市群——长江三角洲地区承接了跨国公司大量国际产业转移任务，并在加工制造等劳动密集型产业和部分资本技术密集型环节上形成了较强的国际竞争力，新兴服务业也呈现出强劲的发展势头，但在国际分工与合作的附属地位并没有完全改变，决定产业竞争力的关键与核心技术仍然掌握在跨国公司手中，整个产业的利益分配格局仍未改变。同时，长三角区域经济社会发展面临的环境、资源约束日益突出；关键设备、核心技术对外依赖程度较高，具有自主知识产权的核心技术严重匮乏，产业发展存在"技术空心化"的危险；在国际市场竞争面前，企业技术创新空间受到挤压；自主创新已成为长三角地区突破资源、能源和环境"瓶颈"，优化产业结构，实现经济可持续发展的迫切需要。

为改变长三角地区在国际分工中的弱势地位，增强其自主创新能力、国际竞争力和影响力，在《国家中长期科学和技术发展规划纲要》

指导下，对全球价值链理论、自主创新理论、产业经济学理论等相关理论进行研究的基础上，综合运用因子分析法、对比分析法等分析方法，对长三角地区自主创新能力现状、典型国家、区域自主创新模式、特征进行比较分析，找到存在的问题，归纳总结相关经验或者启示；在全球价值链背景下，分析各种类型价值链利益分配非均衡性，指出技术进步与创新模式的内在关联性，将技术进步—创新模式选择—价值链升级结合起来，在价值链升级过程中选择合适的创新模式；在产业生命周期下分析产业生命周期阶段特征及识别变量，指出传统主导产业选择的基准指标与方法，提出产业生命周期各阶段主导产业的创新路径；以江苏省为例，对江苏省创新联盟绩效水平进行评价，基于传统的主导产业选择标准和价值链指标，分析江苏省主导产业选择，确立江苏省近期、中长期主导产业，将主导产业—价值链升级—创新路径结合起来，基于不同角度和创新主体，提出提升江苏省自主创新能力、推动产业价值链升级的创新路径，实现区域经济一体化目标。

　　本书将产业生命周期—价值链—自主创新联系起来，基于产业生命周期不同发展阶段创新模式的决策博弈过程提出相应的创新路径。在传统的主导产业基准理论和指标体系的基础上，引入价值链要素，分析区域主导下的产业全球—国内价值链水平和特征，提出基于不同价值链特征的升级路径。利用社会网络分析法分析创新联盟合作创新效果，以提升高校、政府、企业创新联盟合作研发、合作创新的效率和联系的紧密程度。

　　由于水平、时间所限，难免出现瑕疵，不足之处恳请读者多多批评指正。

曲泽静
2017年1月

目 录

第1章 绪论 …………………………………………………（ 1 ）
 1.1 研究背景及意义 ………………………………………（ 1 ）
 1.2 国内外相关理论文献综述 ……………………………（ 4 ）
 1.3 研究的主要内容及创新点 ……………………………（ 23 ）

第2章 长三角自主创新能力分析 ………………………（ 28 ）
 2.1 全球价值链与区域自主创新能力的互动影响分析 ……（ 28 ）
 2.2 长三角地区经济发展现状 ……………………………（ 31 ）
 2.3 长三角地区自主创新能力评价及存在的问题 ………（ 37 ）

第3章 典型区域创新模式与国际经验比较 ……………（ 46 ）
 3.1 美国原发性创新模式 …………………………………（ 46 ）
 3.2 日本"技术引进"到"技术赶超"创新模式 …………（ 53 ）
 3.3 韩国主导产业创新模式 ………………………………（ 58 ）
 3.4 芬兰大型跨国企业创新模式 …………………………（ 62 ）

第4章 全球价值链下"技术引进"到"技术赶超"创新路径 ………………………………………………（ 67 ）
 4.1 全球价值链下利益分配非均衡性分析 ………………（ 67 ）
 4.2 技术进步与创新模式关联性分析 ……………………（ 72 ）

4.3 价值链升级与自主创新路径选择 …………………………… (77)

第 5 章 产业生命周期下主导产业自主创新路径 ……………… (88)

5.1 产业生命周期各阶段产业发展特征及变量识别 ……… (88)

5.2 区域主导产业选择 ………………………………………… (92)

5.3 产业生命周期下主导产业创新路径 …………………… (97)

第 6 章 实证分析——全球价值链下江苏省自主创新路径研究 …… (106)

6.1 基于创新联盟的自主创新能力评价及对比分析 ……… (106)

6.2 江苏省主导产业选择与价值链升级路径 ……………… (113)

6.3 江苏省自主创新整合路径 ……………………………… (134)

参考文献 ………………………………………………………………… (141)

第1章 绪　　论

1.1 研究背景及意义

1.1.1 研究背景

经济全球化、贸易自由化和信息技术革命的发展，经济、科技资源全球化程度日益深入，产品价值创造模式发生了变化，产品的价值创造和构成已由以物质要素为主转向以知识经济为主，加速了价值链在全球范围内的垂直分解和价值整合，以要素为基础的产业内和产品内分工成为国际分工的重要方式。产品的生产过程被分割为不同的"片断"，并通过全球生产企业形成世界范围的生产网络体系。在这种要素分工格局下，发达国家集中精力于关键技术和核心生产环节，将非核心技术和生产环节转移到发展中国家，为我国等发展中国家利用自身的比较优势吸引发达国家先进技术和优厚的资金，将本土产业与发达国家先进技术和资本的对接，实现低端价值链"环节创新"，推动产业结构升级提供了机遇；同时，"价值等级体系"特征突出，区域竞争力与价值链等级属性密切相关，提升区域自主创新能力，发展具有核心竞争力的主导产业，推动产业结构和价值链关键环节和链条升级成为区域产业系统升级的关键。

自主创新能力是取得国家竞争力，推动价值链升级的关键。从国家到企业，不掌握核心技术和自主知识产权，不具备自主创新能力，就把握不了未来发展的主动权，我国将自主创新提升到国家战略高度，在《国家中长期科学和技术发展规划纲要（2006-2020年）》中明确提出了以自主创新为主线，建设创新型国家的目标。尤其是通信、重型设备制造业、能源、化学工业等具有战略地位的行业，其自主创新能力提升事关国家长远发展目标与方向，也是降低对发达国家技术依存度，在关键领域形成比较优势的重要支撑。

长江三角洲是我国最具潜力的经济增长极，也是对外交流与合作的窗口，在我国经济发展中具有举足轻重的地位。改革开放以来，长三角地区依靠自身的区位优势和相对丰富的劳动力资源和发达的科技、教育科学文化事业，大力发展开放型经济，吸引了大量海外投资，成为我国最具投资吸引力的地区。目前，该区域已形成了以制造业为支柱，高新技术产业和现代化服务业为先导的产业布局，完成了产业结构由"一二三"向"二三一"的转变，第三产业比重不断上升，产业结构日趋合理，产业素质逐渐提高。但是经济体的发达程度，市场竞争力与发达国家和新兴技术强国相比，还有一定的差距，缺乏具有国际影响力的大企业集团或者战略联盟；区域内部产业发展缺乏整体的协调性，产业结构同构造成的过度竞争、产能过剩现象严重；土地资源浪费严重，生态环境遭到破坏，经济社会发展面临的环境、资源约束日益突出，可持续发展受到影响；关键设备、核心技术对外依赖程度较高，具有自主知识产权的核心技术严重匮乏，产业发展存在"技术空心化"的危险；在全球价值链中位于附属地位，主要的负面影响有：第一，长三角企业的利润增长空间有限，限制了其资金积累和规模的扩大；第二，长期处于全球价值链低端，与跨国公司、世界先进水平的差距越来越大，阻碍企业技术进步，最终被市场淘汰。增强长三角地区自主创新能力，选择合适的创新路径，实现由价值链低端向价值链高端不断攀升，推动产业结构优化与升级，是不断增强长三角地区国际竞争力和影响力的关键要素。

1.1.2 研究目的及意义

全球价值链下，发达国家为了在核心、关键技术环节上取得全球性的资源优势和竞争优势，将低端价值链环节转移到发展中国家，集中精力发展附加值高的价值链环节。发展中国家由"低端嵌入"向较高的产业结构层次转移时，会受到发达国家的"技术封锁与抑制"，遭受发达国家的"技术锁定"和"纵向压榨效应"，无法实现罗斯托预言的"经济增长阶段论"的发展愿景。

大量实践表明，长三角地区大力发展以出口为导向的外向型经济，通过来料加工或者代工方式参与全球价值链过程中，在产品工艺改进、生产成本降低、质量稳定性及标准化生产方面取得了一定的进步，但是无法摆脱跨国公司对核心技术、自主知识产权的技术控制与封锁，难以实现由价值链低端向价值链两端，向更高层次价值链条跨越的升级。因此，在全球价值链背景下，分析长三角地区创新路径具有重要的理论和现实意义。

从理论价值方面看，首先，自主创新是我国学者们研究的热点问题，对区域自主创新的研究主要有区域自主创新系统、自主创新能力提高、自主创新机制建立及改善等方面。在全球价值链背景下主要围绕产业结构升级、产业集群升级、产业竞争力等方面展开，对全球价值链背景下自主创新路径选择方面的研究甚少，本书将在一定程度上填补目前理论的不足，尤其在自主创新模式选择与创新路径整合方面，将产生一定的积极作用。其次，在区域创新路径研究过程中实现了多学科之间的交叉与融合，将自主创新理论、产业经济学理论、价值链理论结合起来，使得创新路径选择呈现出多学科交融的特点。再次，分析技术进步与创新模式的关联性，对不同价值链升级路径下创新模式与创新路径选择进行分析，在不同类型的价值链升级路径中选择合适的创新模式与路径。最后，在经济全球化下，自主创新与价值链条升级、产业结构升级有着密切的内在联系，产业结构升级较多地表现为价值链条升级，以创新路径为主线，将产业结构升级与价值链条升级结合起来。

从现实意义方面看，全球价值链分工改变了传统以产品为界限的分工模式，突出了跨国公司在国际分工中的主导地位，改变了国家、地区竞争优势的来源。在全球价值链全新分工模式下，自主创新有哪些新的表现形式？自主创新模式转变需要怎样的软环境支撑？这些是政府及相关决策者在制定区域规划与发展时要面临的关键问题。因此，本书以全球价值链、自主创新、产业发展、价值链升级的内在影响及关联机制为内在主线，对长三角地区自主创新现状、存在的问题，世界创新强国的创新模式、特点进行对比分析，为长三角地区自主创新能力的提高提供经验借鉴；结合产业生命周期理论、区域主导产业选择理论、价值链理论和因子分析法，社会网络分析法等定量分析方法，探讨新形势下自主创新的新模式、新路径的选择与整合，为政府及相关政策制定者提供理论支撑与借鉴，推动各创新主体转变创新观念，探索自主创新新模式，形成良好的产业、企业创新氛围，并且有助于推动创新制度的改革；培育和优化自主创新软环境，搭建新的自主创新平台，提高创新主体通力协作的效率。总之，选择合理创新整合路径有利于技术创新成果转移与扩散，使区域自主创新活动处于良性发展之中，尤其在推动产业结构和价值链条升级方面具有积极的现实意义。

1.2 国内外相关理论文献综述

1.2.1 自主创新理论研究

自主创新是我国特有的提法，源自技术创新，但又有所区别。中、西方不同的经济基础、社会制度、文化环境，对创新研究呈现出不同的研究视角。西方国家基于市场经济背景，以企业为主体，探讨技术进步与经济增长的关系，揭示创新在经济发展中的巨大推动作用，鲜有对自主创新问题的探讨；我国作为发展中国家存在自主知识产权、技术控制及利益分配等问题，因此主要围绕自主创新展开各方面研究。

1.2.1.1 国外创新理论的主要流派及观点

美籍经济学家熊彼特（Schumpeter，1912）在著作《经济发展理论》中提出创新是建立一种新的生产函数，把一种从未有过的关于生产要素和生产条件的新组合引入生产体系。概括为以下五个方面：引进新产品；创造新的生产方法；开辟新的市场；控制新原材料和半成品的供应来源；实现新的企业组织形式。将创新作为独立的变量考察其对社会进步和经济增长的影响，开拓了创新理论研究的先河，但缺乏系统性。

20 世纪 50 年代，创新领域研究逐步兴起，形成了"技术创新理论学派"和"制度创新理论学派"两个流派。技术创新理论学派对技术创新与经济增长的关系进行研究，强调技术内生化，形成了技术创新理论的雏形，主要有以索洛（Solow）和阿罗（Arow）为代表的新技术创新的新古典学派、以曼斯菲尔德（Mansfield）和卡曼（Kaman）为代表的新熊彼特学派以及以弗里曼（Freeman）和纳尔逊（Nelson）为代表的国家创新系统学派。他们从不同角度阐述了技术创新与经济增长的关系。索洛（1957）在《技术进步与总量增长函数》中，较科学地测定了经济增长中技术进步的贡献，指出技术创新是经济增长的核心源泉。阿罗（1962）最早将技术进步纳入经济增长模型中，将技术作用内生化。新熊彼特学派的学者们对技术创新的影响因素进行了研究。罗默（Romer，1986）提出内生增长模型，强调内生化的技术知识是经济增长的动力。

制度创新理论学派形成了以加尔布雷斯（Galbraith）、缪尔达尔（Myrdal）、海尔布伦纳（Haier Brenner）等人为代表的新制度学派和以科斯（Coase）、诺斯（North）为代表的新制度经济学派。新制度学派主张对现存的资本主义制度进行批判，但没有形成系统性、科学性研究体系。新制度经济学派认为制度供给是经济增长的主要来源，主张用古典经济学的方法研究制度。制度经济学派从制度与技术创新角度对经济增长因素进行了分析论证，构成自主创新重要的理论积淀，从中可以得出这样一个结论，创新并非一个简单的过程，离不开外部因素的支撑，即创新能力的提高离不开创新制度、技术环境的构建。

1.2.1.2 国内自主创新理论研究

国内自主创新问题的研究主要包括自主创新内涵、自主创新与技术引进关系、自主创新的影响因素、自主创新模式及路径选择等方面。

第一，自主创新内涵研究。学术界还没有对自主创新的内涵达成共识，只要与新技术、新发明相关联，且所有权归属自己的活动都属于自主创新；浙江大学陈劲教授（1994）最早使用了自主创新概念。谢燮正（1995）指出自主创新是相对于引进"他国技术创新"而言，强调自主创新是基于自身力量的技术突破。傅家骥（1998）以企业为主体对自主创新进行了定义，认为自主创新是企业通过自身努力和探索产生技术突破，攻破技术难关，在此基础上依靠自身的能力推动创新后续环节，完成技术的商品化，获取商业利润，达到预期目标的创新活动。进入21世纪后，关于自主创新内涵的研究较多借鉴西方学者的观点，周寄中（2005）指出自主创新是指通过提高科技原始创新能力、集成创新能力以及引进消化吸收能力，从而拥有一批自主知识产权，以达到提高国家或区域竞争力的一种创新活动。宋河发等（2006）从国家创新系统的角度提出自主创新是指创新主体通过主身努力获得主导性创新产权，并获得创新收益而进行的能形成长期竞争优势的创新活动。其主体包括个人、企业、产业、区域和国家，外资企业进行的创新活动不能称为创新。丁湘城和罗勤辉（2006）认为自主创新是以我为主、依靠自身力量进行的独立创新、自我创新，是与技术引进相对立的。国内学者对自主创新含义的争论主要体现在原始创新与集成创新，引进、消化吸收再创新的关系上。

第二，自主创新和技术引进关系研究。曼斯菲尔德（Mansfield，1975）提出技术引进是某一国家、地区或者组织的技术被推广、引进到其他国家、地区使用的过程。国内学者对技术引进与自主创新的关系，大部分学者认为自主创新与技术引进两者不相矛盾，江小涓（2005）认为自主创新与技术引进是不矛盾的，技术引进、三资企业的创新都是自主创新的内容。在科技资源全球化背景下，发展中国家引进外部先进技术的可能性增加、获取核心技术能力的途径增多，利用全球科技资源有利于更有效地提升我国的自主创新能力。彭纪生和刘伯军（2003）认为中国企业应以技术模仿创新为主。某些学者则对此持反对意见，傅家骥（1998）认为自主创新区别于技术引进，强调依靠自身力量实现创新。万君康（2000）从技术选择、途径、创新层次、创新难度、市场形态、风险、投入、技术转让、综合效益等九个方面对技术引进与自主创新的差异性做出了详尽的对比。杜谦和杨起全（2001）强调自主创新的重要意义和作用，针对技术引进的弊端提出批评，认为科技自主创新能力不足是我国经济社会发展的主要瓶颈之一。高梁（2006）指出自主创新一定要以我国为主，依靠技术引进难以获得先进技术，获得的只是技术研发能力的丧失。像中国这样的发展中国家应强调学习和创新的统一，应从被动引进向立足自主、有条件、有选择引进转型。技术引进是基础，而不是最终目标，要正确处理好自主创新与技术引进的关系，正如江泽民同志（1995）在全国科学大会上所指示的那样："如果自主创新上不去，一味靠技术引进，就永远难以摆脱技术落后的局面，一个没有创新能力的民族，难以屹立于世界先进民族之林。"因此，要坚持将技术引进与自主创新相结合，在技术创新的基础上实现技术突破与创新。尤其在开放环境及全球价值链分工背景下，利用国际资源，进行多领域、多层次的技术交流与合作，进行开放式创新是时代发展的要求。开放式创新理论最早由美国学者亨利·切斯布洛（Henry Chesbrough，2003）针对企业传统封闭式创新的微观行为提出的。在开放环境下打破企业现有的地域边界，对企业内外部的创新资源进行非线性整合、集成是开放式创新的主要特征。因此，在全球生产网络下，自主创新活动应该呈现出国际化、开放式特征，在全球范围内整合创新资源。但是由于涉及民族利益，跨国公司将全球价值链条中的非核心环节剥离出来，转移到发展中国家，将研发设计、营销等附加值较高的价值链环节等关键核心技术、自主知识产权牢牢掌握在自己手中，因此，在关键环节取得突破性创新是获得竞争优势的重要来源。

第三，自主创新模式研究。姚志坚和程军等（1999）在国外学者研究的基础上具有创新意义的技术创新类型划分，将创新内容划分为产品创新与工艺创新、基于创新程度划分为破坏性创新和渐进性创新。我国学者马天毅和马野青（2006）根据自主创新的来源不同将自主创新内容划分为原始创新、集成创新和消化、吸收再创新三种创新模式。吕玉辉（2006）依据技术创新来源将技术创新模式划分为：原始创新，模仿创新，引进消化吸收再创新和合作创新四种模式。原始创新即依靠自身力量实现产品、服务技术上的突破并实现产业化、商业化的创新路径；模仿创新是企业等创新主体通过学习模仿技术领先者的创新思路与创新行为，解译技术领先者的技术密码并在此基础上进行完善、改善再创新的过程；引进消化吸收再创新是吸引世界先进技术、人才、资金或者先进事物，对其进行再创新的过程；合作创新是不同的创新主体合作推动创新的创新组织形式。

关于自主创新与模仿创新的关系，朱明（2005）从正向工程与反向工程的角度揭示了自主创新与模仿创新的关联性。他认为提高国家或企业的自主创新能力主要有两种途径：一种是自主创新，即正向工程；另一种是模仿创新，即反向工程。依靠自主创新是提高自主研发能力和自主创新能力的重要途径；依靠模仿创新，在对外来技术消化、吸收的基础上进行创新，也是提高自主创新能力的途径。马大猷（2006）对原始创新、模仿创新、消化吸收再创新三个方面做出了不同的定位分析。他认为原始创新是增强国力的源泉，是最重要的自主创新模式，主要包括科学研究和技术开发；模仿、集成创新能力是一个国家创新能力的重要标志，引进消化吸收再创新与原始创新呈现出不同的发展路径。郭红卫（2009）对自主创新模型进行了分类，概括了自主创新的五种模式。

学者们对不同创新模式之间的差异性也进行了相关研究：吴晓波（1995）提出技术引进的消化吸收和消化吸收再创新模式的差异在于是否赢得后发技术优势。薛求知和林哲（2001）提出不同国家基于不同的技术基础，自主创新与技术引进有不同的着重点，韩国技术创新机制的核心是模仿创新，而美国和欧洲等国家将自主创新作为技术创新机制的重点，体现了不同基础条件下的技术选择。陈劲（2006）指出产业类型的不同对企业自主创新的模式选择的影响。

第四，自主创新影响因素研究。我国自主创新能力不断提高，尤其是长三角、珠三角等沿海地区呈现出旺盛的创新潜力，发展势头良好。但与世界创新强国相比还存在一定的差距。除了历史、地理、政治制度因素外，李志军（2007）认为自主创新动力、机制和政策环境缺乏是主要的影响因素。黎峰（2006）对影响我国自主创新能力的因素进行实证分析，认为专利保护程度、科技实力、教育水平、进口贸易及外商直接投资对我国自主创新能力提高有明显的促进作用，而出口贸易及对外直接投资对我国自主创新能力提高的作用并不明显。冯之浚（2006）从微观创新主体研究角度提出企业是自主创新的主体，企业家精神是企业进行自主创新的主要驱动力，分析了企业家素质对自主创新的重要影响。

关于自主创新投入、产出（中间产出、最终产出）影响要素的研究：陶长琪和齐亚伟（2007）分析了研发投入对省际区域自主创新能力的影响，通过面板数据分析得出研发经费和人员与区域创新能力之间具有显著性积极影响。薄文广（2010）在对省际外商直接投资对自主创新能力提升的面板数据分析技术上，发现两者存在正相关关系。石英华和张晓云（2007）指出财政税收等支持性政策对自主创新能力提高的积极作用。孙斐和黄卉等（2009）指出科技活动经费、人力资源投入、研发经费对自主创新能力提高具有显著的正向推动作用。吴成颂（2009）围绕投入产出关系，对泛长三角流域自主创新影响因素的差异性进行分析，将宏观经济因素、研发经费支出、人力资本因素、贸易出口因素、固定资产投资因素、财政支持因素作为衡量区域自主创新差异性的评价因素。帕维特（Pavitt，1983）、格里利谢斯（Griliches，1990）证实了研发投入与专利之间存在显著相关性，并将专利作为自主创新产出评价指标的客观性进行了分析，因此学者们普遍将专利作为自主创新产出的评价指标之一。

第五，自主创新联盟研究。它是一种以企业为主体"产学研"相结合的合作组织形式。1992年由国家经贸委、国家教委和中科院正式发布成立和组织实施"产学研联合开发工程"过程中而实现的产业合作组织创新，是以企业交流为主要方式而形成的包括高校、科研院所、政府新型的产学研交流平台。自主创新联盟这一新的创新组织形式是顺应时代发展潮流而兴起的，学者刘俊（2006）对其形成的内部外部动力因素进行了分析，将经济要素、市场要素、科技要素、政府要素划分为自主创新联盟形成的主要动因。马天毅和马野青（2006）提出在开放条件下自主创新需要政府、科研机构、企业及社会中介结构的协调作用，对发展中国家而言，政府的作用不可或缺。后来，学者们又提出了"官产学"联合创新模式，即为了共同实现产业科技创新目标，政府、产业界、学术界与科研界在保持自身独立性的同时通过股权和非股权的方式建立较为稳固的合作关系。突出强调政府的主导参与地位，是一种有中国特色的促进科技成果转化成生产力的运作模式，本质是将市场、教育科技等"无形的手"与政府"有形的手"相结合，以达到优化创新资源，提高创新资源使用效率的目的。"官产学"联合创新模式可追溯到爱德华兹·亨利等（Etzkowitz Henry etc.，1995）提出的"三重螺旋"结构。王成军（2006）指出大学、企业和政府是推动知识生产和传播的基本要素，在创新过程中密切合作、相互作用，通过三者的组织结构安排、制度设计加强三者资源和信息的分享沟通，达到充分利用科技资源的目的。

全球价值链背景下，国际技术竞争已经从单一企业之间的竞争转变为更大范围内以企业为主体技术联盟之间的竞争。张聪群（2008）从产业升级角度，建立基于"官产学"创新模式的产业共性创新集群。赵美英和李卫平等（2010）以江苏省"产学研"相结合的创新模式为基础，对常州市"官产学研"合作模式进行了定性分析。2010年上海高校机构对长三角地区"官产学研"创新模式运行现状进行了评价分析，指出高校、科研院所、企业在科技创新，推动产业集群发展中合作状况，认为"官产学"模式是推进区域科技资源创新，加速区域科技资源的集聚、流动、辐射与共享的重要载体。赵雯（2010）对江苏省自主创新能力进行分析，发现在知识创造、技术创新、产业创新环节中存在的问题，需要进一步完善技术扩散环境及技术交易平台，推动知识与市场结合。

第六，自主创新路径研究。路径从字面意思上理解即道路、途径，推广到学术研究领域是指达到某一目标的方式、方法。我国学者对创新路径的研究主要有：行业创新路径、企业创新路径、自主创新及技术创新路径。将自主创新路径大致分为：以企业等微观主体为研究对象分析技术进步轨迹，技术转移、扩散和升级的路径；以国家、区域等宏观主体为研究对象，分析技术升级或者技术追赶、技术跨越的路径。

关于企业等微观主体的自主创新路径：温瑞珺（2005）以浙江省为例，建立核心系统和支撑系统对浙江省企业自主创新能力进行评价，建立省域自主创新能力的指标评价体系，并提出相应的对策建议。仇菲菲（2008）以企业为主体，从创新决策能力、创新资源投入能力、创新实施能力、创新管理能力、创新实现能力、创新支撑能力等六个方面构建了企业自主创新能力评价指标体系，提出企业自主创新能力提高的路径。原磊（2008）从企业动态演化视角对企业自主创新路径进行了分析。

关于产业、区域、国家等宏观主体的自主创新路径：郭红（2009）分析了四川省服务业创新路径。张学文和赵惠芳（2010）以河北省制药产业为例分析了基于二维要素的自主创新路径模型。朱洁和杨丽华（2011）分析了临港产业集群的自主创新路径。赵晓庆和许庆瑞（2009）采取实证分析的方法，比较日本、韩国及我国台湾地区企业创新模式的差异，并对三个地区技术创新跨越路径的差异进行了对比分析。傅利平和张出兰（2010）分析了引进式技术跨越型企业创新路径。韩朝胜（2010）在路径依赖理论和前人研究的基础上提出了"路径创造"，突破区域创新的路径依赖，实行新的区域发展路径。

1.2.2 全球价值链理论研究

1.2.2.1 全球价值链分工的基础

经济全球化使国家区域之间经济交流与合作日益频繁，全球性生产网络兴起，是全球价值链兴起的外部支撑环境。信息技术进步和知识经济大发展，缩短了企业技术革新周期，加快了技术更新的速度，成为全球价值链兴起的技术基础。全球价值链兴起离不开相关理论支撑，分工是全球价值链重要的理论基础，有必要回顾一下传统的分工理论，尤其是传统国际贸易分工的基础。

首先，传统国际贸易分工的基础。纵观西方的经济思想史，比较优势和规模经济是解释国际贸易动因的主流学说。比较优势理论发展：古典学派的大卫·李嘉图（David Ricardo，1817）提出基于要素生产率差异的相对比较优势学说，一国即使在所有商品生产上的劳动生产率比别国低，都处于绝对劣势，只要这种劣势的程度存在相对差异，便可以进行分工，使各国获得国际贸易的好处。该理论的局限性在于单一指出外生生产效率因素，没有考虑规模经济，制度和社会文化背景等影响因素。赫克歇尔（Heckscher，1919）、俄林（Ohlin，1933）引入多因素分析方法，利用要素禀赋结构和相对价格差异解释国际分工贸易的新古典贸易理论（H-O模型）。后来，学者们将一般均衡分析的新古典模型与赫克歇尔-俄林的要素禀赋理论融为一体，最终形成了国际贸易理论的标准模型。国际贸易理论是解释要素禀赋差异的对外贸易理论，尤其是要素禀赋结构差异较大的发达国家和发展中国家之间进行的贸易活动。20世纪中期，林德（Lyndl，1961）提出的重叠需求理论（The Overlapping Demand Theory）[①] 和弗农（Vernon，1966）提出产品生命周期理论（The Theory of Product Life Cycle）使国际贸易理论遭到了挑战，20世纪70年代新贸易理论的提出动摇了国际贸易理论的地位。

新贸易理论的发展：克鲁格曼（Krugman，1979）首次论证了内部规模效应经济是贸易的基础，各国的比较优势表现在规模生产的那个产品上，将产品差异和规模经济引入比较优势的研究中，完善了比较优势的内容。20世纪70年代末80年代初，以克鲁格曼、赫尔普曼（Helpmann）、兰卡斯特（Langcaster）等人为代表提出了新贸易理论（The New Trade Theory），该理论将产品差异、要素禀赋、规模经济、市场结构因素引入国际贸易研究中，解释了产业内贸易现象。新贸易理论并没有完全替代原来的贸易理论，只是从另一个角度解释了不完全竞争市场下国家产业内部贸易现象，丰富了国际贸易理论研究的外延，使国家、产业内贸易活动有了相应的理论支撑。然而，不论是原有的贸易理论还是新贸易理论的研究对象都是产品，而非要素。

其次，产品内分工理论研究。万尼奥克（Vanek，1963）、梅林（Melvin，1969）等使用两阶段模型分析工业制成品之间的流动，形成了产品内分工的雏形。克雷耶（Kreye，1980）指出旧的国际分工模式已不适应经济全球化新经济形势的发展，提出新的国际分工形式，使生产制造业按照劳动力分工成本低廉原则，转移到不同的国家和地区，

[①] 赵锦春，谢建国. 需求结构重叠与中国的进口贸易——基于收入分配相似的实证分析[J]. 国际贸易问题，2014（1）.

将这些国家纳入全球化生产过程中①。经济全球化影响的日益深刻，产品内分工日益受到学者们的重视，学者们从不同角度解释产品内分工的现象：芬斯切（Feenstra，2003）使用"生产的分解"或"生产非一体化"（Disintegration of Production）概念来定义产品内分工现象，并研究了这种分工对参与国福利的影响。克鲁格曼（1995）将产品内分工称为"分割价值链"，首次将产品内分工与价值链联系起来。安迪（Ardn，1997）首次提出了产品内分工的概念②。学者卢锋（2004）对将产品内分工定义为将某个产品不同生产工序、环节、区段拆分到不同空间甚至不同国家去完成的过程。田文（2005）指出产品内分工"是指特定产品生产过程中不同工序、不同区段、不同零部件在空间上分布到不同国家，每个国家专业化于产品生产价值链的特定环节进行生产的形象"，反映了价值链基础上的分工合作关系和价值链分工空间上分离的特征。迪尔多夫（Deardorff，1998）提出"壁垒说"，指出产品内分工本来就存在，只不过某些壁垒的存在阻碍了它的发展。张莹（2006）认为贸易自由化和投资自由化是产品内分工发展的重要推动力。

最后，信息技术革命和经济全球化。始于20世纪末以计算机广泛应用为标志的信息技术革命削弱了时空距离对分工的影响，使建立、拓展、区别对待和分割市场的成本大幅度降低，那些在地理上分散于全球的经济活动易于整合，构成了全球化的雏形。信息技术革命与经济全球化使市场不囿于地域的限制，分散在不同地区的企业、消费者通过因特网联系在一起，发达国家传统制造业逐步转移到发展中国家，带动了这些国家经济的快速增长。

信息技术革命缩短了产品的生命周期，新产品从研发到上市经历的时间逐步缩短，降低生产成本的内在动力刺激了"垂直一体化"分工的

---

① 宋捷. 产品内国际分工与中国的选择 [D]. 上海：复旦大学，2011.
② 王延昆. 中国参与产品内分工——提高价值链分工地位研究 [D]. 石家庄：河北大学，2009.

产生，也是对生命周期不断缩短做出的反应。一方面，信息技术革命降低了交易成本，既降低了公司内部交易、管理、监督成本，也降低了公司之间、国家之间合作、交易的费用，以信息元为载体，通过因特网便可完成基本的交流，提高了地区、公司间分工协作的可预见性和可靠性，有利于"垂直化分工"和"供应链全球化"的兴起与发展。另一方面，信息技术革命加速了设计、生产、制造、分销环节在世界范围内的分工与协作，加速了"产品链"在世界范围的分割，逐步建立起了以跨国公司为主导的生产、销售网络，有利于实现资源的优化配置，发挥各地区的比较优势，改变了经济全球化的表现形式，使国家、地区之间的合作与交流日趋细致与深入，将非核心环节"外包"逐步成为国际合作的主流。

另外，经济全球化使国家和地区的发展突破地域限制、各经济体相互依存、相互渗透，在生产体系各环节合作和调节程度加强，并向着一体化方向发展。特别是近20年来跨界外包、海外直接投资等经济全球化的快速发展，使地区区域发展、产业结构升级不得不考虑全球产业链，透过全球产业链来研究地方经济发展。从企业层面上看，克菲（Coffey，1996）提出了新的全球竞争模型。该模型将各行业分散到全球化过程中，指出企业的竞争力不完全取决于其在本地设计、营销的研发能力，而取决于其参与国际分工性的生产、营销网络的程度。以人力资源为例，他首先分析区域内人力资源禀赋特征，然后与国际市场的人力资源需求及要素特质进行比较，本地人力资源素质与国际接轨的程度越高，就越能满足国际市场的需求，获得国际竞争力。Jones（2006）提出经济全球化使企业的产业结构、组织形式、信息交流与传递模式都渗透着国际元素的特征。

1.2.2.2 全球价值链相关理论研究

迈克尔·波特（Michael Porter，1985）在《竞争优势》一书中首次提出了"价值链"概念。他将公司的经营行为分解为不同的环节，各个环节的作用和性质各不相同。但是每个环节都创造价值，因此，波特把这些活动称为价值创造活动。波特认为，公司的价值创造过程主要通过基本活动（含生产、营销、运输和售后服务等）和支持性活动（含原材料供应、技术、人力资源和财务等）两部分来完成。这些活动在公司价值创造过程中是相互联系的，由此构成公司价值创造的行为链条，这一链条就称为价值链（见图1-1）。不仅公司内部存在价值链，而且公司与其他单位是相互关联的，因此，企业应当突破自身界限，将视角扩展到不同企业之间的经济交往，提出了价值体系（Value System）概念，构成了全球价值链理论的基础。沙恩克（Shank，1992）、哥芬达（Govindarajan，1992）对价值链的范围进行了界定，认为"任何企业的价值链都包括从开始的供应商中采购原材料到将最终产品送到客户手中的全过程"，与波特定义的价值链过程相似。寇加特（Kogut，1985）用增值价值链（Value Added Chains）来分析国家的竞争优势，从微观、宏观层面指出了国家、企业竞争优势的来源。国家的比较优势是价值链各环节利益分配的基础，企业的竞争优势决定了其在价值链条的地位和在哪个技术层面取得竞争优势。他指出，价值链就是技术、原料和劳动融合在一起形成各种投入环节的过程，通过组装把这些环节结合起来形成最终商品，通过市场交易、消费等完成价值循环过程。他的观点反映了价值链的垂直分离和全球空间再配置的关系，对全球价值链理论的形成产生了非常重要的作用。克鲁格曼（1998）把企业价值链和区域、国家价值链融为一体，揭示了全球价值链的内涵，但他仍没有使用全球价值链这一说法。格里菲（Gereffi，1999）和一些学者提出了全球商品链（Global Commodity Chain，GCC）的分析框架，将价值链与全球产业组织联系起来，集中探讨了包括不同价值增值部分全球商品链的内部结构关系，并研究了发达国家主导企业如何形成和控制商品链的问题，但仍然没有使用全球价值链这一概念，直到2001年格里菲（2001）才使用全球价值链（Global Value Chain，GVC）代替全球商品链这一术语。

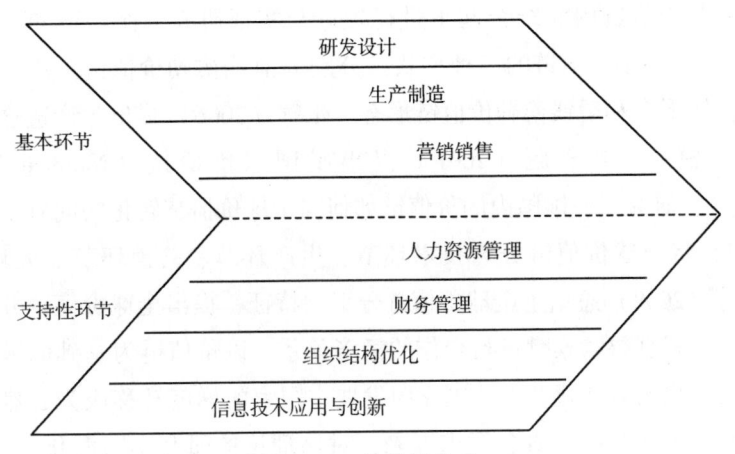

```
                        研发设计
                        ───────
                        生产制造
                        ───────
    基本环节            营销销售
                        ───────
              - - - - - - - - - - - - - - -
                      人力资源管理
                      ─────────
    支持性环节           财务管理
                      ─────────
                      组织结构优化
                      ─────────
                    信息技术应用与创新
```

图 1-1　价值链构成

资料来源：根据波特（1985）文献资料整理。

联合国工业发展组织（UNIDO）在《2002~2003 年度工业发展报告——通过创新和学习来参与竞争》指出全球价值链是在全球范围内为实现商品或服务价值而连接生产、销售、回收处理等过程的全球性跨企业网络组织，涉及从原料采集和运输，半成品和成品生产及分销，直至最终消费和回收处理的整个过程。它包括所有参与者和生产销售等活动的组织与价值和利润分配。对全球价值链理论研究较多的是英国 Sussex 大学发展研究所（Institute of Development Studies），其将全球价值链定义为：产品在全球范围内，从概念设计到使用直到报废的全生命周期中所有创造价值的活动范围，包括对产品的设计、生产、营销、分销以及对最终用户的支持与服务等。组成价值链的各种活动可以包含在一个企业之内，也可分散于各个企业之间；可以聚集于某个特定的地理范围之内，也可散布于全球各地。对全球价值链理论的研究已从最初的理论研究阶段扩展到战略研究阶段，以全球价值链分工为背景，探讨企业、区域、国家自主创新路径，探讨实现价值链升级的路径。

我国学者对价值链理论的研究起步较晚，以国外学者研究为基础，将创新与价值链内涵结合起来进行理论与实证研究。徐宏玲和李双海（2005）提出了价值链的三种形式，分别为前钱德勒价值链形态、钱德勒价值链形态和后钱德勒价值链形态。张辉（2006）提出生产链这一新型生产模式。刘志彪（2007）提出了国家价值链（National Value Chains），研究了一国国内的价值链如何向全球价值链转化的问题。张剑（2007）将全球价值链分为技术环节、生产环节、营销环节三大环节。范云芳（2008）总结了全球价值链分工的特征，提出全球价值链分工是企业之间根据要素禀赋进行合作的经济关系。以价值链为基础的国际分工使分工更为专业化，发达国家向发展中国家的梯度转移成为必然的发展趋势。自从价值链概念提出以来，对该理论的研究不断深化与拓展，从基本要素研究深入到内部"治理结构"（Governance Structure）和"系统效率"（System Efficiency）研究。

关于全球价值链分工的动力机制研究：格里菲等（1994）在全球商品链的基础上提出了全球价值链分工的内部驱动力——生产者驱动型和购买者驱动型，认为全球价值链分工的动力主要来自于两个方面，即购买者和生产者的二元型驱动模式，就是全球价值链各个环节在空间上的分离、重组和正常运行等是在生产者或者采购者的推动下完成的。哈德森（Henderson，1998）对两种类型价值链的内部驱动力进行了深入研究。生产者驱动型价值链由拥有技术优势的跨国公司或者政府为主体的生产者投资推动市场需求，形成跨越全球的供应链垂直分工体系，生产者驱动型价值链一般属于技术、资本密集型价值链。购买者驱动型价值链通过强大的品牌优势和销售渠道建立起跨越全球的商品流通网络，传统的劳动力密集型产业大多属于此种价值链，并对购买者驱动型价值链要素配置不均衡、附加值分配不均衡、收益不均衡性进行了研究。张辉（2006）从核心能力、进入门槛、产业联系、产业结构、典型产业部门等九个方面对两种类型全球价值链进行了对比分析，针对二元驱动模式的不足，提出了新的驱动模式，增加了购买者和生产者混合型驱动模式。

关于全球价值链治理与升级研究：格里菲（1994）首先提出了价值链治理概念。哈默雷（Humphrey，2000）和舒米茨（Schmitz，2000）将价值链治理定义为：通过价值链中公司之间的关系安排和制度机制，实现价值链内不同经济活动和不同环节间的非市场化协调。斯特恩（Stern，2001）提出了产业重组与空间配置过程中的三种治理模式。哈默雷（2002）和舒米茨（2002）提出了全球价值链三种典型的治理模式，即网络型（Network）、准层级型（Quasi-Hierarchy）和层次型（Hierarchy）。格里菲和哈默雷（2003）又提出了全球价值链治理的五种类型：市场型（Market）、模块型（Modular Value Chain）、关系型（Relational Value Chain）、领导型（Captive Value Chain）和层级型（Hierarchy）。

价值链升级是价值链从低端分工向高端发展的过程，大多数价值链升级沿着从简单生产向复杂生产，简单组装加工到OBM转变的过程。早期对价值链升级的研究是带有规范性质的，即遵循委托组装（OEA）向委托加工（OEM）到自主设计（ODM）及自有品牌生产（OBM）的价值链升级路径。哈默雷（2000）和舒米茨（2000）提出了全球价值链中产业升级的四种模式，即工艺升级、产品升级、功能升级和链的升级。

我国学者对全球价值链治理与升级的研究主要围绕产业升级、行业升级、企业升级展开，并将自主创新、产业集群等相关理论融入研究过程中。张辉（2004）对全球价值链下我国产业结构升级进行了研究，分析了不同价值链治理类型下产业升级路径。张向阳（2005）论述了全球价值链理论在产业升级研究领域的最新成果。毛加强（2008）对产业集群嵌入全球价值链方式与升级路径进行了研究。李美娟（2010）对我国企业摆脱低端价值链锁定的路径进行了研究。张珉和卓越（2010）采取问卷调查的方法分析了我国制造业企业在全球价值链分工下治理、升级的绩效。

1.2.3 产业生命周期理论

1.2.3.1 产业生命周期理论的演进

产品生命周期即一种新产品从开始进入市场到被市场淘汰的整个过程。美国学者弗农（Vernon，1966）指出产品与其他生物一样，包括诞生、形成、发展、衰退、消亡阶段，从技术进步、技术创新角度揭示国际贸易的源泉。侯尔（Karl Holl，1967）提出了动态的产品生命周期理论，将世界分为三类国家，每个国家基于所处的不同发展阶段，提升自身比较优势，为产业生命周期的诞生奠定了基础[①]。

产业生命周期理论是研究整个产业从诞生到成熟过程中，产业内厂商数目、市场结构、产品种类、市场份额等内容的变化过程。戈特（Gort，1982）、克莱伯（Klepper，1982）提出 G-K 模型，首次将经济效率与创新效率结合起来，以厂商净进入数目作为划分生命周期阶段的依据，将产业周期划分为引入、大量进入、稳定、大量推出和成熟五个阶段，成为经济学上第一个产业生命周期模型。克莱伯（1990）、戈莱迪（Graddy，1990）对 G-K 模型进行了技术内生化发展，将产业生命周期重新划分为成长、淘汰和稳定三个阶段。为解释淘汰阶段产业产出仍有较大增长这一现象，指出产业发展过程会呈现出进入者越来越少，成本竞争导致退出者越来越多的现象，需求停滞不再成为淘汰发生的必要条件。在创新过程中强调成本竞争效应，是一个自由竞争随机过程模型，专门研究了技术因素对产业进化的影响。阿嘎沃尔（Agarwal，1996）、戈特（1996）沿着另一条路径对 G-K 模型进行了发展，对产业生命周期进行了更为细致的划分，引入危险率，危险率与厂商年龄成反比，越早进入某一产业的厂商在淘汰阶段的危险率越高，强调了产业特性和厂商特性对厂商存活的影响。克莱伯（1996）对四个产业发展重

[①] 刘婷, 平瑛. 产业生命周期理论研究进展 [J]. 湖南社会科学, 2009 (8).

点案例进行研究，提出了技术效率存活的寡头进化理论，强调技术的市场内生性，运用最新的厂商分布和厂商存活率分析技术，对寡头市场的形成研究对象，代表了实证产业组织学的新视角。

1.2.3.2 产业生命周期—技术创新—价值链升级关系研究

产业生命周期各阶段从产生到成熟过程中，产业内厂商数目、市场结构、产品供给需求都处在不断变化之中。产业生命周期各阶段投入所占比例是不同的，形成不同的比较优势和产业动态转移过程。一般而言，产业产生之时，进入者的数量会不断增多，达到顶端，呈现出递减的趋势；在产业形成到成熟期，市场份额变化迅速，随着市场需求的扩大，市场进入壁垒增高，进入者的数量逐渐减少，后来出现大量退出者，生产者优胜劣汰，产品种类趋于稳定，创新热情减退。这就是描述产业生命周期路径的模型。盖翊文（2006）将企业数量，产业规模、市场结构、产品价格、产品质量作为衡量产业各阶段的变量特征。

内生性技术创新是产业技术演进的外在表现。技术创新存在于产业发展的每一个阶段，王永刚（2002）指出技术创新产业生命周期的决定因素，印证了产品是技术外生化表现，产品性能与生产成本是决定其市场需求及市场规模、获利能力最重要的因素，所以技术尤其是突破性技术的诞生极易引发市场产品发生阶段性变化。从宏观层面上，克鲁斯曼（Grossman，1991）提出了内生产业周期模型，指出南方国家对北方国家技术模仿，是南方国家技术内生化的重要途径，技术转移路径类似于"北方创新，南方模仿"这样一条路径，同时，南北方之间也存在技术竞争与对抗，推动南方北方产业生命周期各阶段演进。黄莉莉和史占中（2006）对产业生命周期各阶段合作创新模式的选择进行了研究。

产品内分工和垂直分工体系是国际产业转移的动力。产品内分工和垂直分工体系推动产业在国际部门之间转移，但是产业转移对象不是整个产业，而是产业的某一部分，或者价值链条某一环节。拥有核心关键技术，自主知识产权的跨国公司基于自身产业发展阶段和竞争策略，将某些价值链环节转移到发展中国家，发展中国家基于自身的技术基础、市场结构、市场需求和相对落后的产业发展阶段参与全球价值链分工，将产业生命周期—技术创新—价值链贯穿于产业发展与决策过程中。发展中国家技术创新模式的选择是技术基础和技术适宜率的外在表现。

1.2.4 区域主导产业选择理论

1.2.4.1 区域主导产业理论在国外的研究进展

日本学者筱原三代平（Miyohei Shinohara，1955）提出"动态比较费用论"，提出用"需求收入弹性"和"生产率上升基准"两个基准来选择区域主导产业，用全要素生产率进行比较，揭示技术进步水平[①]。赫希曼（Hirschman，1991）提出发展中国家和地区，在资源要素稀缺情况下，政府要主动加大供给与需求的平衡，对重点产业进行重点投资，带动关联产业和产业整体发展。他认为前后向关联度较高的产业为重点产业，政府应该优先发展重点产业以带动其他产业共同发展。罗斯托（Rostow，1998）提出产业扩散效应理论和主导产业选择基准"罗斯托基准"。主导产业应该具备很强的前瞻、回顾、旁侧扩散效应，将主导产业的产业优势辐射到产业关联产业，以带动产业结构升级和整个地区的发展。

1.2.4.2 国内区域主导产业研究的主要内容

陈刚（2004）认为主导产业选择是政府为了推动产业结构高级化、争取动态比较优势和促进区域经济发展，在一定阶段、一定条件下从一定范围的产业群体中筛选出预期将在未来某一阶段起主导作用的产业的

---

① 赵大平，汤玉刚．中国高新区分工模式的缺点与转换路径分析［J］．研究与发展管理，2009（10）．

积极、主动的行为。李俊林（2011）指出区域主导产业是某区域在经济发展的一定阶段，能迅速引入技术创新、对产业结构和经济发展起导向性和带动作用，并且是成长性很高、带动性和扩散性很强的产业。主导产业对产业发展具有很强的积极推动作用和产业关联效应。

围绕主导产业这一主题，关爱萍和王瑜（2002）基于经济全球化视角对区域主导产业的选择进行研究。江世银（2004）基于赫希曼产业关联基准，采用投入产出法选择区域主导产业。姚效兴（2006）在循环经济视角下对区域主导产业选择进行了研究。刘兴宏（2007）在新型工业化道路视角下提出区域主导产业选择的路径。邵光宇和白庆华等（2009）对人力资本约束条件下的区域主导产业选择路径进行了研究。陈婕（1993）设置三个评价指标对30个省级区域的产业结构进行分析，提出选择区域主导产业必须遵循的原则。戴宾和秦薇（2001）提出区域主导产业选择还需考虑社会标准，引入物质生活、社会生活、资源利用和环境保护等评价指标。黄西川和叶国挺（2006）针对单一、多要素指标评价体系的弊端，引入层次分析法分析选择区域主导产业。秦耀辰和张丽君（2009）对区域主导产业选择的方法进行了综述研究，主要利用DEA模型、钻石理论模型、灰色聚类分析和层次分析法等对区域主导产业选择进行分析，并对各模型的优缺点进行对比分析。于美玲和周德田（2011）采取因子分析法对山东省主导产业选择进行了研究。

1.3 研究的主要内容及创新点

1.3.1 研究的主要内容

本书基于全球价值链的全新视角，以技术创新理论、产业经济学理论为指导，以区域自主创新研究为主线，以长三角地区的资源基础和自主创新研究现状为研究对象，结合国际先进区域自主创新的经典案例与经验，实现提高长三角自主创新能力和竞争力的目标。具体分析了区域自主创新的影响要素，探讨基于主导产业升级的区域自主创新能力提升、全球价值链升级路径。

本书主要包括以下几部分内容：

第1章，绪论。提出本书的研究背景、研究意义、国内外研究现状、主要的研究内容、创新点、研究方法及技术路线。

第2章，长三角自主创新能力分析。分析全球价值链与区域创新能力相互作用、相互影响的内容。了解长三角地区自主创新现状，探讨自主创新研发投入、产出基本状况，运用因子分析法，剖析长三角自主创新能力，发现长三角地区虽然是我国创新能力最强的区域，但在研发投入强度、研发产出等方面与世界先进水平还存在一定差距。

第3章，典型区域创新模式与国际经验比较。以世界创新强国美国原发性创新模式、韩国主导产业创新模式、日本"技术引进"到"技术赶超"创新模式、芬兰大型跨国企业创新模式为研究对象，分析各国、各地区自主创新的模式、特点、成功的原因，选取典型案例进行对比分析，归纳出相关创新模式的特征、路径，为长三角地区自主创新能力提升提供经验借鉴和政策依据。

第4章，全球价值链下"技术引进"到"技术赶超"创新路径。将全球价值链—创新模式—技术进步联系起来，在全球价值链背景下探讨推动价值链升级的创新路径。利益分配非均衡性是价值链升级的内因，论证购买者驱动型价值链、购买者驱动型价值链，利益分配存在不均衡性。探讨对技术进步与创新模式的关联性，技术进步与创新模式是相互作用、相互影响的，技术进步是创新模式的体现，创新模式影响技术进步进程。引入投入产出法对产业关联的技术经济关系及关联内容进行分析，对区域产业的全球—国内价值链水平进行测量，提出价值链攀升与创新路径。

第5章，产业生命周期下主导产业自主创新路径。对产业生命周期各阶段特征及识别变量进行分析的基础上，从产业规模、产品质量、产品价格判断产业所处的生命周期阶段，正确认识产业所处的生命周期阶段。主导产业是区域产业结构、价值链升级的龙头，必须选择、培育那些技术增长率高、渗透性强、附加值高的核心产业以带动其他产业和区域经济的发展。在主导产业选择基本理论基础上，结合产业生命周期特征，建立主导产业选择的传统指标评价体系，分析在产业生命周期不同阶段主导产业内部企业间创新模式选择的决策博弈过程，基于不同的创新模式和产业发展阶段，选择合适的创新路径。

第6章，实证分析——全球价值链下江苏省自主创新路径研究。分析江苏省经济发展现状，引入社会网络分析法，以企业、高校、科研院所、政府共同参与的科研项目为载体，利用 Gephi 0.7 软件平台，对江苏省包括企业、高校、科研院所、政府创新联盟合作绩效水平进行评价，通过与欧洲某城市创新联盟的对比分析，指出两者之间的差距。在传统指标评价体系和价值链评价指标的基础上，选出江苏省行业性主导产业。构建以提高区域创新联盟绩效水平，推动自主创新能力提高，实现以价值链升级为目标的区域创新整合路径，创新联盟绩效的合作创新路径，江苏省主导产业的自主创新路径及价值链升级的技术跨越路径，以实现区域经济一体化。

1.3.2 主要的研究方法

1.3.2.1 理论研究与实证研究相结合

在自主创新理论、全球价值链理论、产业经济学基础上，以实现区域经济一体化为目标，应用自主创新理论、区域主导产业选择理论、产业生命周期理论、价值链升级理论，构建区域创新路径的整合系统。在实证部分，对江苏省创新联盟合作创新绩效进行评价，基于区域主导产业选择基准理论、传统的指标评价体系和价值链指标确立江苏省分行业的主导产业。基于全球价值链理论、产业关联性分析等相关理论，分析江苏省 42 产业部门尤其是主导产业部门的全球—国内价值链水平，在此基础上选择匹配的价值链升级路径。

1.3.2.2 比较研究与经验研究相结合

本书分析美国原发性创新模式、韩国主导产业创新模式、日本"技术引进"到"技术赶超"创新模式、芬兰大型跨国企业创新模式的路径、方式、特点，对长三角自主创新能力提升提供经验借鉴。提出全球价值链下"技术引进"到"技术赶超"的创新路径，在产业生命周期下提出了基于主导产业的创新路径。实证分析部分，对江苏省创新联盟合作绩效与欧洲某城市自主创新网络进行对比分析，指出存在的差距与不足，指出提高创新联盟创新能力、推动主导产业价值链升级的创新整合路径。

1.3.2.3 定性与定量研究相结合

基于经济、信息全球化背景，建立区域自主创新路径的分析框架，结合全球价值链和自主创新理论，分析全球价值链与自主创新相互影响、相互作用的内容及长三角地自主创新现状，引入因子分析法对长三角创新投入、创新产出能力进行定量分析，准确反映出区域创新能力水平。价值链升级路径的选择过程中，对产业关联效应与理论进行分析，基于投入产出表，测算全球—国内价值链水平，选择合适的创新路径。

1.3.3 技术路线图

本书在对区域自主创新能力现状和国际自主创新国际经验对比的基础上，提出"技术引进"到"技术赶超"创新路径，在产业生命周期下分析主导产业创新路径，以江苏省为例，分析江苏省主导产业价值链升级路径（见图 1-2）。

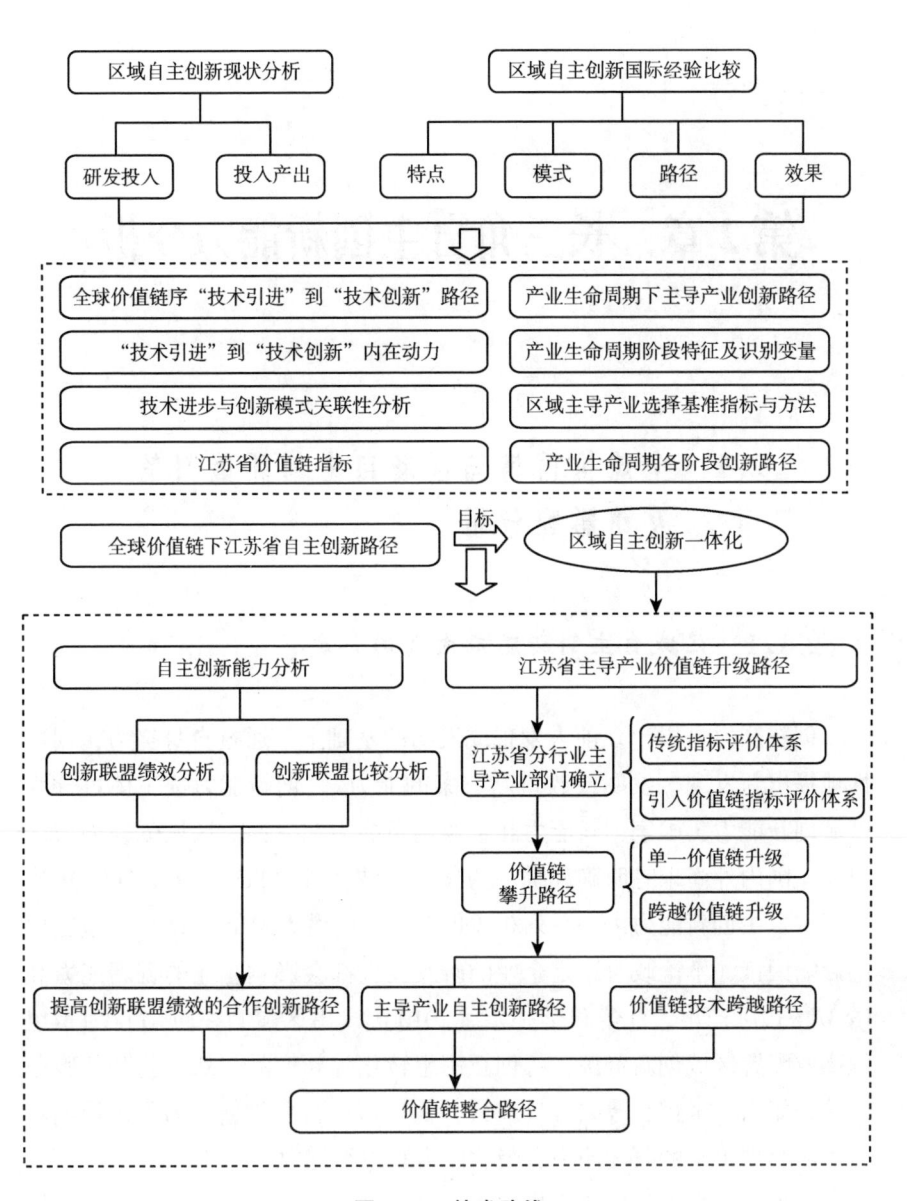

图 1-2 技术路线

第2章 长三角自主创新能力分析

2.1 全球价值链与区域自主创新能力的互动影响分析

2.1.1 区域自主创新能力内涵的界定

创新能力是指"在前人发现或发明的基础上,通过自身努力,创造性地提出新发现、发明或改进新方案的能力"。创新能力按主体可分为区域创新能力、国家创新能力和企业创新能力三方面。区域创新能力的概念,国内外尚未有明确、统一的概念。波特等(Porter etc,2000)指出区域自主创新能力由一系列相关创新产品的潜力确定,R&D 是最主要的影响因素,不论政府还是企业的研发投入都会影响企业的创新能力和 R&D 的边际产出。江蕾和李小娟(2010)提出区域自主创新行为是组织高效配置区域创新资源,将创新构想转化为新产品、新工艺和新服务的综合能力。王鹏和曹兴等(2011)认为区域自主创新能力是区域创新主体所表现出来的研发能力、吸收能力和组织能力。

关于区域自主创新能力投入产出关系进行的研究。王燕(2007)提出区域自主创新是区域经济发展的一种模式,即企业创新主体通过引进—消化—吸收再创新或者原始创新的方式,利用区域间创新网络体系将新技术转化为自主知识产权技术，并将其商业化的过程。纪宝成（2008）指出自主创新能力在产业结构升级和转变经济增长方式中的巨大作用，提出了评价创新能力的39个指标。中国科技发展战略小组（2009）提出区域创新能力是一个地区将知识转化为新产品、新工艺、新服务的能力，将区域创新能力从知识创造能力、知识流动能力、企业的技术创新能力、创新环境和创新的经济绩效五个方面，对区域创新能力进行评价。张经强（2010）指出区域技术创新能力是指在一个区域范围内，以增强区域经济增长的原动力为目标，充分发挥区域技术创新的行为组织，包括企业、高校及研究机构、科技中介服务及金融机构、政府等的技术创新积极性，以人力资本集聚为核心，高效配置技术创新资源，将技术创新构想转化为新产品、新工艺和新服务的综合能力系统。

本书在前人研究的基础上，将区域自主创新能力定义为企业、高校、科研院所、政府等创新主体在一定的制度环境下，将潜在的技术转化为新的产品与服务的能力。将研发经费支出、研发投入强度、专利申请量与授权量、技术市场合同成交额、高水平学术论文的发表量作为衡量区域自主创新能力投入—产出水平的评价指标。

2.1.2 区域自主创新能力与全球价值链影响的内容

2.1.2.1 区域自主创新能力影响全球价值链空间分布

全球价值链下，一个完整的价值链条被分割为研发设计、生产制造、营销销售等不同"价值片段"，在空间上离散分布在不同国家、地区。格里菲（Gereffi，1994）提出价值链上众多价值环节中并不是每个环节都创造等量价值，只有某些特定的价值环节（如研发、品牌、渠道等）才创造更高的附加值，这些高附加值的价值环节一般就是全球价值链上的战略环节。台湾宏碁集团董事长施振荣（1992）以IT产业为例，对价值链各环节利润的空间分布状况进行研究，"两头高，中间低"的微笑曲线，价值链两端的研发设计、营销环节具有高附加值、高收益的特征，主要技术、资本上拥有绝对优势的跨国公司控制，中间的生产制造环节具有低附加值、低收益，主要由劳动力密集的发展中国家组成（见图 2-1）。

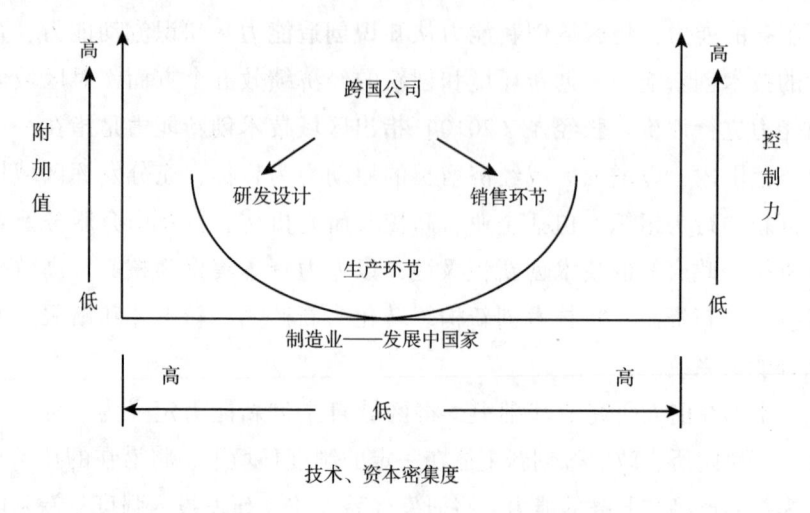

图 2-1　价值链各环节空间分布

　　区域自主创新能力是价值链关键与核心技术来源的根本，决定价值链空间分布状况，这是因为：全球价值链下关键与核心技术所有权是区域竞争优势的重要来源。区域自主能力是实现关键环节技术突破的内因，但是技术突破离不开先进的技术来源以及强大的研发经费支出。发展中国家和地区嵌入全球价值链，通过发达国家（跨国公司）技术转让、技术改进、培训以及隐性知识传播，在某种程度上提高了这些国家的技术水平和层次，但仍存在巨大的技术差距。同时，价值链低端的发展中国家，通过零部件组装、加工方式参与全球生产网络，只能获得被摊薄的平均收益，价值链收益与资本积累率远远低于发达国家（跨国公司），研发经费支出与研发经费投入强度远远低于跨国公司，形成技术基础薄弱—价值链收益低—研发经费支出低—自主创新能力弱的恶性循环，很难在核心技术环节实现突破，取得关键成果，因此处于研发设计环节的通常是那些自主创新能力强的发达国家（跨国公司）。

2.1.2.2　全球价值链治理影响区域自主创新能力

全球价值链治理是对创新主体在全球价值链中的表现及运作模式进行的相关研究，价值链治理模式表达了全球价值链分工背后深层次的经济组织关系，不同治理模式下的产业组织形式、发展政策及制度规范等都要进行相应调整，其直接影响市场组织结构及规模，影响着创新主体的创新态度与创新模式。价值链治理者在全球价值链中处于领导地位，通过制定行业标准、规则、监督和管理制度等方式组织、协调价值链各环节的价值创造活动，控制价值在不同经济主体间的分配，因此，价值链治理者对全球价值链的控制实质上转变为对标准、自有品牌和专利等核心技术的治理。自主创新能力较弱，自有品牌和自主知识产权拥有量不足，很难参与到行业标准制定等高层次的交流，区域自主创新能力的提高是取得在全球价值链治理中的话语权，推动区域产业价值链升级的关键要素。

2.2　长三角地区经济发展现状

2.2.1　长三角地区经济发展概况

从行政区划上看，长三角地区包括上海市、江苏省（南京、苏州、无锡、南通、常州、镇江、扬州和泰州）以及浙江省（杭州、宁波、嘉兴、湖州、舟山）16个城市，面积10.4万平方千米，人口9000余万人。长三角都市圈一体化的形成及其强大的周边辐射作用，广义上一般将上海、江苏、浙江两省一市统称为长三角地区。长三角地区在我国经济、科技、社会及文化发展中具有十分重要的地位和作用，这一地区以全国1%的土地和6%的人口创造出全国30%以上的GDP，近1/4以上的外贸出口，40%以上的外资利用资源，成为正在崛起的世界第6大都市圈。大力发展外向型经济30多年来，长三角地区自主创新投入、科技进步贡献率、自有知识产权拥有量、科技成果转化率、政策支持率逐步增强，区域内外部资源整合与发展程度和自主创新能力不断提高，地区经济发展主要有以下几个特征：

第一，GDP总量平稳、快速增长。2002年长三角地区GDP总量为19983亿元，到2016年底增长到76100亿元，经济总量占全国的10.22%，财政总收入大幅度提高，由2002年的4129亿元上升到2011年的8121.23亿元。

第二，外向型经济发展迅速。20世纪末，凭借长三角地区良好的要素禀赋及文化、投资环境，吸引了大量海外投资，开放型经济日益发展：2015年实际利用外资578亿元，占全国实际利用外资比重的37.8%，自营出口额也较上年同期有较大增长。

第三，产业结构日趋合理。改革开放以来，长三角各省市积极推进国民经济结构调整，迅速形成了以现代制造业、服务业为支撑的产业布局。长三角地区制造业是经济增长的主要动力，而且形成了强大的规模经济，有力拉动了外贸业务的发展。同时，制造业尤其是生产性服务制造业发展迅猛，是推动产业结构升级，提升区域竞争力的重要组成部分。

2.2.2 长三角地区研发投入概况

2.2.2.1 长三角地区研发经费投入强度

自主创新活动离不开前期各项人力、物力和资本投入，研发经费投入占GDP的比重即研发经费投入强度，是衡量一个国家发展类型的重要依据。充足的研发经费投入，提高技术进步贡献率，转变经济增长方式,是实现全球价值链升级的关键。如果研发经费投入太少,研发经费投入强度太低,直接制约和影响自主创新活动的展开。表2-1列出了2006~2009年长三角地区研发经费投入和研发投入强度情况,自2006年起,江苏、浙江、上海研发经费投入逐年增长,研发投入强度不断提高且一直高于全国平均水平;江苏省2007~2008年研发投入强度比例提高最大,上海市一直维持着较高的研发投入强度比例,尤其在2008~2009年研发投入强度再创新高,浙江省研发投入强度呈逐年缓慢增加态势。总体而言,长三角地区研发经费投入强度处于全国领先位置。

表2-1　2006~2009年长三角地区研发经费投入、研发强度投入强度

地区	2006年 R&D经费投入(亿元)	研发投入强度(%)	2007年 R&D经费投入(亿元)	研发投入强度(%)	2008年 R&D经费投入(亿元)	研发投入强度(%)	2009年 R&D经费投入(亿元)	研发投入强度(%)
江苏	346.1	1.60	430.2	1.67	680.0	2.00	701.9	2.04
浙江	224.0	1.42	281.6	1.50	344.6	1.60	398.8	1.73
上海	258.8	2.50	307.5	2.52	355.4	2.59	423.3	2.81
全国	3003.1	1.42	3710.2	1.49	4616.0	1.54	5082.1	1.70

资料来源:国家统计局2006~2009年《中国统计年鉴》。

2.2.2.2　长三角地区大中型企业自主创新投入情况

企业,尤其是大中型企业是自主创新的主体。与中小型企业相比,大中型企业具备了较强的技术、资金优势,是新产品、新服务的主要供给者。表2-2列出2010年长三角地区大中型工业企业研发经费支出的基本情况:长三角地区从事研发活动的企业占企业总数的三成以上,江苏省从事研发活动的企业占总数的40.1%,超过全国平均水平的11.8%;科技活动从业人员数均超出全国平均水平,高素质人才比例较高;江苏省科研经费内部支出最多;上海市科研经费占主营业务

收入的比重最大，浙江省比重最低，但也超过了全国平均水平。长三角地区大中型工业企业研发经费支出各项评价指标均高于全国各地平均水平。

表2-2　　　2010年长三角地区大中型工业企业研发经费支出

地区	有R&D活动的企业占全部企业的比重（%）	科技活动人员占从业人员的比重（%）	科技经费内部支出（万元）	R&D经费占主营业务收入的比重（%）
江苏	40.1	3.3	5513458	2.07
浙江	38.0	3.1	2723447	1.78
上海	32.8	3.5	2377472	2.81
全国	28.3	2.5	40153965	1.76

资料来源：国家统计局2006~2009年《中国统计年鉴》。

2.2.2.3　长三角地区高校、研究机构研发经费支出情况

长三角地区是我国教育资源比较发达的地区，拥有众多全国知名高校、科研院所与研究机构，通过知识创新源源不断地向企业提供"新鲜血液"。高校、科研院所的科研人员是唯一具有能动性的资本，是自主创新之本，高素质创新人才发挥创新优势，离不开对创新潜质人才的培养，离不开各项投入，以保证基础性研究和试验开发的顺利进行。表2-3列出了2010年长三角地区高校研发经费支出的基本情况，长三角地区拥有高校所属的研发机构700余所，高校科技活动人员数占全国总数的62.75%，研发经费支出和承担的研发课题数量均处于全国领先地位。江苏省高校所属研发结构数、研发科技活动人员数、研发经费支出最多，各项评价指标均位居全国前列。表2-4列出了2009年长三角地区研究机构研发投入情况（2009年为统计年鉴最新数据），长三角地区研究机构数量、研发人员数目、研发经费支出均远远超过全国平均水平，江苏省研发经费支出高出全国平均水平的三倍。

表2-3　　　　　2010年长三角地区高校研发经费支出

地区	高等院校所属研发机构数（个）	研发科技活动人员数（万人）	研发经费支出（万元）	研发课题（项）
江苏	325	153071	3239486	23918
浙江	139	126377	2390891	28972
上海	209	84303	2565146	26511
全国平均	138	76598	2168966	20365

资料来源：国家统计局2006~2009年《中国统计年鉴》。

表2-4　　　　　2009年长三角研究机构研发经费支出

地区	机构数（个）	研发人员数（万）	研发经费支出（万元）
江苏	6093	153071	3239486
浙江	6336	126377	2390891
上海	2087	84303	2565146
全国平均	1448	46010	1026141

资料来源：国家统计局2010年《中国统计年鉴》。

2.2.3　长三角地区研发投入产出概况

2.2.3.1　专利申请量与授权量

区域自主创新水平，不仅取决于研发经费的投入情况，还需对创新投入的效果，即自主创新的产出进行评价分析。专利申请量和授权量是评价自主创新成果的重要方面，是科技投入产出最主要的衡量标准。表2-5列出了长三角地区2007~2010年国内三种专利申请量与授权量，专利申请量和授权量逐年增长，2010年长三角地区专利授权量已占全国总量的40.67%，自主知识产权拥有量在全国占有绝对优势。

表 2-5　　　2007~2010 年长三角地区专利申请量与授权量

地区	2007 年 专利申请量（万）	2007 年 专利授权量（万）	2008 年 专利申请量（万）	2008 年 专利授权量（万）	2009 年 专利申请量（万）	2009 年 专利授权量（万）	2010 年 专利申请量（万）	2010 年 专利授权量（万）
江苏	8.9	3.2	12.8	4.46	17.4	8.7	23.5	13.84
浙江	6.9	4.2	9.0	6.9	10.8	7.9	12.07	11.46
上海	4.72	2.45	5.28	2.45	6.2	3.5	7.1	4.82
长三角	20.52	9.85	27.08	8.81	34.4	20.1	42.67	30.12
长三角占全国	33.65%	35.48%	36.67%	35.59%	39.20%	27.14%	38.46%	40.67%

资料来源：国家统计局 2008~2011 年《中国统计年鉴》。

2.2.3.2　科技论文数量与质量、技术市场成交额

高校、科研院所高质量论文发表数，承担战略性科研项目或课题数量，是衡量高校科技投入产出的重要内容；专利是科技成果的一个重要方面，企业、高校、科研院所及其他机构专利申请和授权数量及技术市场合同成交额反映了先进技术的市场需求空间及其被市场认可的程度，最终直接或者间接反映了区域自主创新能力与效果。表 2-6 列出了2010 年长三角地区高校、科研机构、大中型工业企业科研产出的基本情况，2010 年长三角地区被三大索引机构 SCI、EI 和 ISTP 收录的论文总数为 61620 篇，占全国总数的 24.3%，技术市场合同成交数、技术市场合同成交额分别为 229601 项、39065753 万元，占全国的比重分别为25.9%、19%，反映大中型工业企业创新产出的大中型工业企业科技项目与专利数量，分别占全国的 27.1%、32.3%，大中型企业科技实力处于全国领先地位。

表 2-6   2010年长三角地区大中型企业、高校、科研院所科技产出

地区	国外主要检索工具收录我国科技论文数及位次 数目（篇）	国外主要检索工具收录我国科技论文数及位次 位次	技术市场合同成交数（项）	技术市场合同成交额（万元）	大中型工业企业科技项目与专利 科技项目数（项）	大中型工业企业科技项目与专利 专利申请数（项）
江苏	23051	3	20450	2493406	20817	31132
浙江	13495	4	12826	603478	13842	22859
上海	25066	2	26185	4314734	8573	10378
全国	253982		229501	39065753	159637	198890
长三角占全国	24.3%		25.9%	19.0%	27.1%	32.3%

资料来源：国家统计局 2006~2009 年《中国统计年鉴》。

2.3 长三角地区自主创新能力评价及存在的问题

2.3.1 因子分析法的基本原理及指标评价体系的建立

2.3.1.1 因子分析法的基本原理

因子分析法（Factor Analysis）是从心理学领域发展起来的，从研究指标相关矩阵内部的依赖关系出发，把一些信息重叠、具有错综复杂关系的变量归结为少数几个不相关的综合因子的一种多元统计分析方法。因子分析法的出发点就是以最小的信息丢失把众多观测变量浓缩为少数几个因子，实现抓住主要因素，简化数据结构的目的。公因子数量的确立是因子分析法的重要步骤，求解公因子就是确立解释观测变量间相关关系的最小因子个数，选出的公因子具有相应的贡献率，一般认为公因子贡献率超过80%才认为该公因子基本反映了原始数据的信息。因子分析模型的一般表达形式为：

$$x_i = a_{i1}f_1 + a_{i2}f_2 + \cdots + a_{im}f_m + u_i \quad (i = 1, 2, 3, \cdots, j) \qquad (2.1)$$

其中，f_1，f_2，f_3 为观测变量所共有的因子；u_i 为特殊因子，是不能被公因子所解释的部分；a_{ij} 为因子负荷，是第 i 个变量在第 j 个公因子上的负载。因子负载反映了因子与变量间的密切程度，a_{ij} 的绝对值越大，表示公因子 f_i 与 x_i 的关系越密切。

2.3.1.2　长三角地区自主创新能力指标评价体系

自主创新能力评价是一项复杂的系统工程，张国良和陈宏民（2006）将自主创新能力分解为创新资源投入能力、创新管理能力、创新倾向、研发能力、制造能力和营销能力六大要素。孙晓华和原毅军（2008）参照《企业技术中心认定与评价办法》和《企业技术中心评价指标体系》，将企业自主创新能力划分为三类一级评价指标：创新资源、创新活动和创新产出指标。借鉴前人的研究成果，围绕长三角地区研发投入、研发投入产出关系评价为主要内容，将指标评价体系分为创新投入、创新产出两大类，在此之下分设各类子指标揭示它们之间的相互作用。创新投入既包括潜在技术创新能力即以高校、大中型企业、科研院所各类研发人员、科技人员的人力资本存量，也包括与自主创新活动相关的各项研发经费支出；创新产出反映了各要素组合生产的实际成效，是评价创新能力最直接的指标，主要包括专利授权数量、技术市场合同成交额、高水平中文期刊科技论文数等评价指标，见表 2-7。

表 2-7　　　　　区域自主创新能力指标评价体系

分类	评价维度	指标
创新投入	创新能力	高校科技活动人员数 X1
		大中型企业研发人员数 X2
		国内及跨国公司研发机构科技活动人员数 X3
		研发科学家、工程师数量 X4

续表

分类	评价维度	指标
创新投入	创新来源	大中型企业研发经费数量 X5
		地方财政科技支出占财政支出的比重 X6
		研发机构科研经费支出 X7
		高校科技活动支出数量 X8
		研发经费投入强度 X9
创新产出	新技术应用	高技术产品产值 X10
		技术市场合同成交额 X11
	知识产权	专利授权数 X12
		中文期刊科技论文数 X13

2.3.2 长三角地区区域自主创新能力分析

2.3.2.1 数据来源

本书选取《中国统计年鉴（2009）》《中国科技统计年鉴（2009）》《中国高技术产业统计年鉴（2008）》等中关于长三角江苏、浙江、上海的相关科技创新数据及相关省份的年度报告作为数据分析基础。

2.3.2.2 数据标准化处理

评价指标的性质、衡量尺度不同，给评价造成一定的困难，需要对数据进行标准化处理，将 X_i 个评价对象，X_j 个评价指标，每个指标的原始值为 X_{ij} 进行标准化处理，标准化处理后不会改变变量之间的相互关系。本书数据全部为正向指标，采取均值法对数据进行处理，用实际值减去平均值后再除以标准方差，标准化后各变量的平均值为0，标准差为1。公式为：

$$Z = \frac{X - \bar{X}}{\sigma x} \tag{2.2}$$

经过标准化处理的数据服从正态分布 N(0，1) 使各指标数据具备更强的可比性。

2.3.2.3 数据分析

首先，进行 KMO 样本测度和 Bartlett 球体检验。根据本书数据得出 KMO 检验值为 0.829，一般认为 KMO 数值大于 0.8 时数据便可接受。同时，巴特利特球体检验相关矩阵为 0.000，所以拒绝该假设，并且认为可以进行因子分析（见表 2-8）。

表 2-8　　　　　　　　　KMO 和 Bartlett 检验

抽样适度测定值		0.829
球体检验	卡方值	1.844E3
	Df	78
	Sig.	0.000

其次，提取公因子。确立公因子的个数，比较常用的方法有特征值准则和碎石检验准则。根据表 2-9，按照特征值大于 1 的原则提取 2 个公因子。

表 2-9　　　　　　　　　总方差解释表

成分	初始特征根			被提取的载荷平方和		
	总体	所占比重	累计所占比重	总体	所占比重	累计所占比重
1	9.804	75.417	75.417	9.804	75.417	75.417
2	1.959	15.073	90.489	1.959	15.073	90.489
3	0.571	4.394	94.884			
4	0.324	2.491	97.375			
5	0.177	1.362	98.737			
6	0.100	0.769	99.506			
7	0.051	0.391	99.897			
8	0.011	0.085	99.982			

续表

成分	初始特征根			被提取的载荷平方和		
	总体	所占比重	累计所占比重	总体	所占比重	累计所占比重
9	0.002	0.017	100.000			
10	2.955E−5	0.000	100.000			
11	1.216E−7	9.350E−7	100.000			
12	4.794E−8	3.687E−7	100.000			
13	1.808E−8	1.390E−7	100.000			

注：提取方法为主成分分析法。

再次，进行因子旋转。以方差最大化方法进行正交旋转，使和每个因子相关的负载平方的方差最大。方差最大法通过式（2.3）实现最大化以求得因子解。方差最大化使因子上的负载尽可能拉开距离，一部分变量的负载趋于 −1~1，另一部分变量趋于 0，解释因子是将这些小的负载忽略不计。根据本书数据得到的 VARIMAX 旋转的结果见表 2−10。

$$V = \sum_{j=1}^{m} \left[k \sum_{i=1}^{k} b_{ij}^4 - \left(\sum_{i=1}^{k} b_{ij}^2 \right)^2 \right] / K^2 \qquad (2.3)$$

表 2−10　　　　　旋转后因子负荷矩阵

指标	成分	
	1	2
X1 高教科技活动人员	0.632	0.744
X2 大中型企业研发人员数	0.633	0.743
X3 国内及跨国公司研发机构科技活动人员数	0.632	0.744
X4 大中型企业研发经费支出	0.745	0.642
X5 地方财政科技支出占财政支出的比重	0.845	0.310
X6 研发机构科研经费支出	0.746	0.642
X7 高校科技活动支出数量	0.746	0.642
X8 研发经费投入强度	0.951	0.059
X9 高技术产品产值	0.274	0.933

续表

指　　标	成　分	
	1	2
X10 技术市场合同成交额	0.902	0.010
X11 高科技产品出口额	0.227	0.900
X12 专利授权数	-0.087	0.863
X13 中文期刊科技论文数	0.859	0.411

注：提取方法为主成分分析法。旋转融合在3次迭代。

最后，计算因子综合得分，并对我国30个省市区域创新能力进行评价和排序。综合因子得分 = 因子1的方差贡献率×因子1的得分 + 因子2的方差贡献率×因子2的得分。根据SPSS16.0得出各因子得分，方差贡献率等于与该因子有关的因子负载的平方和，得到30个省市区域自主创新能力的综合得分排序如表2-11所示。从表2-11可以看出，北京、江苏、上海、广东、浙江、山东等省市的区域创新能力很强，综合得分位居前列；辽宁、天津、陕西、湖北等省市区域创新能力较强，综合得分大于0；海南、新疆、宁夏、甘肃等省份自主创新能力较弱，综合得分位于底部，反映了这些地区创新活力有待提高的区域发展特征。

表2-11　　　　全国30个省市自主创新能力综合评价得分

序号	名称	综合因子得分	排序	序号	名称	综合因子得分	排序
1	北京	2.42915	1	10	江苏	1.05980	2
2	天津	0.22692	7	11	浙江	0.69060	5
3	河北	-0.21770	16	12	安徽	-0.22410	17
4	山西	-0.32100	20	13	福建	-0.19480	14
5	内蒙古	-0.49190	26	14	江西	-0.29450	19
6	辽宁	0.09250	8	15	山东	0.65510	6
7	吉林	-0.35420	21	16	河南	-0.13720	12
8	黑龙江	-0.21440	15	17	湖北	0.03440	10
9	上海	0.86722	3	18	湖南	-0.16360	13

续表

序号	名称	综合因子得分	排序	序号	名称	综合因子得分	排序
19	广东	0.71630	4	25	云南	-0.47390	24
20	广西	-0.46640	23	26	陕西	0.08810	9
21	海南	-0.57680	30	27	甘肃	-0.41670	22
22	重庆	-0.25970	18	28	青海	-0.55520	29
23	四川	-0.01520	11	29	宁夏	-0.48010	25
24	贵州	-0.50130	27	30	新疆	-0.51870	28

2.3.2.4 长三角创新能力的评价结果分析

根据本书建立的指标评价体系，借助因子分析法得出长三角地区江苏、浙江、上海三地创新能力位于全国前列，表明长三角地区大力发展外向型经济，在与跨国公司的频繁接触中能够获取产品设计、生产等环节的隐性知识，自主创新能力不断增强，研发投入、产出量，专利申请与拥有量位居全国前列，是我国创新活力最强的区域，见表2-11。

2.3.3 长三角地区自主创新存在的问题

2.3.3.1 研发投入强度与世界创新强国存在差距

研发投入强度是衡量一个国家研发投入水平的重要指标。持续稳定的研发经费支出是保持科技领先或者实现科技创新的重要物质来源。如前所述，长三角地区2007年、2008年研发投入强度分别为：1.89%、2.06%，到2009年增长为2.22%，远远高于全国平均水平，在全国范围内形成较强的区域创新的竞争优势，在研发经费投入、创新环境、研发经费投入强度等方面均位于全国前列。但与世界创新强国相比，还有较大的差距。韩国2008年研发投入强度为3.47%，长三角地区到2008年底整体突破2%，开始步入"创新驱动城市"之列。20世纪末期起，美国保持了持续、稳定的研发投入，研发投入强度一直高于2.5%，强大的研发投入强度催生了美国"硅谷"软件园、斯坦福创新园区等世界闻名的创新基地，催生了一大批自有知识产权和自有品牌的诞生。2010年欧盟研发经费投入强度从1.9%增长到3%，相比之下，长三角地区乃至全国地区研发投入强度始终跟不上世界先进创新强国，研发经费投入低已成为制约长三角地区乃至全国科技竞争力提高的主要因素。以转基因动物技术为例，20世纪80年代，我国和西方国家在这一领域起步时间相同，也具有克隆动物和生产转基因动物的能力，但时至今日，当欧美一些发达国家已经开始3期临床试验转基因药物蛋白的时候，我国的转基因产业还没有突破蛋白质表达阶段。

2.3.3.2 研发投入产出水平落后于世界创新强国

专利申请量和授权量以及技术市场合同成交额等指标是衡量研发投入产出水平的主要指标，国内三方专利申请量与授权量指标无法进行世界范围内的横向对比，为了确保衡量指标的客观性和全面性，引入采取国际三方专利指标，即在欧洲专利局、日本专利局和美国专利商标局都获得的专利数量作为评价国家、地区研发投入产出水平的评价标准。三方专利表示一项专利拥有原创性技术以及未来在国际市场上较高的潜在商业价值，是反映一国研发产出质量的重要指标。2005~2008年美国、日本、韩国、中国的三方专利数量如表2-12所示。

表2-12　　　　　　2005~2008年四国三方专利数量　　　　　　单位：项

三方专利	2005年	2006年	2007年	2008年
美国	14807	14960	15540	15688
日本	13376	14174	14950	13987
韩国	1245	1729	2324	2628
中国	178	252	290	384

资料来源：根据2006年~2009年统计年鉴整理。

可以看出，2008年美国三方专利数量稳居首位，比2007年增长了9.54%，日本紧随其后，专利拥有数量为13987项，显示了强大的竞争实力。虽然我国专利数量增长速度位居首位，2007~2008年增长率达到32.41%，但是起步较低，专利总量上远远落后于美国、日本、韩国，要想赶超世界创新强国还有一定的距离。由于三方专利是以国家为评价单位的，无法获知长三角地区在三方专利中的具体比重，但仍然可以推测出长三角地区研发投入产出水平不高，自主知识产权数量远远落后于世界创新强国的现实。

第 3 章 典型区域创新模式与国际经验比较

全球价值链价值创造垂直分离与重构，长三角地区凭借良好的地理条件、要素禀赋吸引了大量海外投资，成为国际产业转移的重要基地，在跨国公司技术转让、技术转移、隐性知识传播过程中技术水平、经济总量和影响力不断提高，已成为我国区域自主创新能力最强的区域，但是与世界创新强国相比还存在一定的差距，处于全球价值链低端的位置没有改变，对典型区域创新模式进行对比分析，为长三角自主创新能力的提升提供相关国际经验与借鉴。

3.1 美国原发性创新模式

3.1.1 美国原发性创新模式特征

第二次世界大战后，美国重视创新，沿着"基础研究—应用研究—工程管理"路径，国民经济实力不断增强，迅速崛起为世界头号强国，其创新模式特征主要表现在以下几个方面。

3.1.1.1 政府主导的"创新网络"

美国建立了以政府为主导的创新网络。这一创新网络有助于调动各创新主体的积极性，推动政府、企业及高校、科研院所间紧密合作与配合。

（1）建立了政府主导的创新组织机构。1993年成立科学技术顾问委员会（PCAST），由来自企业、大学、非政府组织的18名专家组成，他们以个人身份参与科技决策，为国家科技政策的制定提供咨询和建议[①]。20世纪末，美国政府专门成立了国家科学技术委员会（NSTC），由总统、副总统任主席和副主席组成，表明整个国家对科技发展的重视；同时坚持国家创新战略的集体决策，以最大限度降低决策的失误率。

（2）美国政府鼓励竞争、鼓励创造。在政府主导的创新网络下，形成了竞争高度自由的氛围。限制垄断，制定了一系列反垄断的法律，是世界上执行反垄断法最坚决的国家，并专门制定了有关小型企业发展的法律、法规和支持政策，小型企业在美国具有生存和发展的巨大空间。企业在宽松的环境下拥有较强的技术创新、新产品开发的积极性，主动投身各种创新、研发活动，形成了自主创新的良性循环。

（3）大学、科研院所输送新鲜"血液"。美国大学、科研院所是基础性研发和突破性创新的重要场所。大学长期承担本国60%以上基础研究，是原发性创新的重要来源地。据美国大学技术管理协会统计，自1980年美国颁布拜杜法案以来，大学技术转让为美国经济做出了300亿美元的贡献，每年提供25万个就业机会，市场上超过1000种产品来自于大学科研成果，大学科技成果转化成果率较高。

3.1.1.2　政府强大的研发经费投入

研发经费是评价各国科技投入、科技活动规模和强度的通用指标，是衡量国家、地区研究实力和自主创新能力的重要指标。研发经费投入包括绝对数额的经费投入（本国货币单位或者国际货币单位表示）和相对数额的研发经费投入（研发经费占GDP或者GNP的百分比表示），即研发经费投入强度。

---

① 李洁. 美国国家创新体系：政策、管理与政府功能创新 [J]. 世界经济与政治，2006 (4).

联邦政府的研发经费投入一直保持着较高水平，尤其是公益性质的基础研究和事关国家发展的应用研究的资助上，这使美国在原创性、突破性创新具有独特的优势。另外，美国是世界上研发经费投入强度最高的国家。第二次世界大战后美国实施"曼哈顿工程"项目奠定了国家创新体系的基础，到1945年美国研发投入强度比1940年增加了0.4个百分点，研发投入强度为0.7%。19世纪末20世纪初，美国研发经费投入和强度一直占据着世界领先位置，2006年美国研发经费为1340亿美元，研发经费投入强度为2.62%，2008年增长至1430亿美元。进入21世纪，中国、韩国、印度研发投入在逐步增加，但总量仍仅为美国的1/4左右。

3.1.1.3 企业、政府、高校创新联盟通力合作

高校、科研院所、政府、企业之间建立了良好的合作关系，事关国家发展战略的科研项目，开发周期和经费开支庞大，由政府牵头建立政、企、大学合作的研发团队，大学重点实验室承担基础性研究，企业专心于应用基础研究，承担科技成果向现实生产力转化的任务，政府提供经费和金融、税收政策支持，创新联盟通力合作，有助于在基础研究环节实现原始创新、突破性创新，增强企业创新活力与动力，完成国家科研攻关项目。

3.1.2 美国硅谷创新集群分析

硅谷（Silicon Valley）位于加利福尼亚以北，旧金山湾区南部的圣塔克拉拉谷地，是世界上最早研究和生产芯片的地方，由美国一个海军工作点发展成为世界通信产业的龙头。2008年硅谷人均GDP达到83000美元，居全美第一，以不到全美1%的人口创造了全美5%的GDP，创造了世界产业园的奇迹，"硅谷效应"已扩展到世界许多国家地区，印度班加罗尔软件园、日本九州硅岛、中国中关村等是在信息技术时代成长发展起来的行业典范。美国硅谷创新集群发展模式的特点主要有以下几点。

3.1.2.1 以高校为依托搭建校企合作创新平台

硅谷是一个高层次的智力库，内有斯坦福大学等 10 余所世界著名高校，拥有丰富的科技、人才、信息优势，可以为企业源源不断地输送科技成果。以高校为依托建立校企合作创新平台，是硅谷成功的组织基础。

20 世纪 50 年代初，斯坦福大学校长将千余亩土地租赁给高科技公司建立工业园，商讨新技术合作研发项目，开创了校企合作模式的先河。教学、研究和应用一体化，迅速产生了丰厚经济和社会效益，吸引瓦瑞安、惠普、柯达等知名企业陆续进驻园区。高校与工业园内高科技公司原发性创新、应用技术、新产品市场化等方面良性互动，吸引了大批学术人才和创业能手，世界最先进的尖端人才的涌入，又推动了教学科研、学术创新等基础性研究和应用性研究的快速发展，大大缩短了知识创新、创新成果市场化、商业化的过程，获得了可观的经济效益。斯坦福师生和校友创办的硅谷企业产值占硅谷总产值的 50% ~ 60%，高校知识创新与市场需求的完美对接，是硅谷持续发展的保障，可以说没有斯坦福就没有硅谷，它是硅谷的"孵化器"。

3.1.2.2 完备的创新发展系统

创新是一个系统工程，校企合作创新平台是硅谷成长壮大的重要基础，良好的外部创新支撑环境也是硅谷产业园不断发展壮大的重要保障。

首先，宽松、活跃的创新文化与环境。创新是对旧的思维模式、生产工艺和技术的挑战，存在着风险与不确定性。据统计硅谷创业的失败概率大概有 60% ~ 70%，能存活十年以上的公司只有 10%，10% ~ 20% 的公司存活 3 ~ 5 年。面对如此多变、严峻的创新过程，创业者们勇于面对和接受失败，敢于在失败中继续施展创新想法，保持创新的活跃度和积极性，是硅谷创新文化对创业者们影响、熏陶的结果，硅谷的创新文化环境，锤炼那些从失败中站起来再干的创业者，使他们敢于再次尝试与挑战。其次，知识产权开发与保护意识强烈。硅谷企业十分重视知识产权开发与保护。专利注册是保护企业核心技术和发明，保持公司竞争力的来源，也是硅谷创业持续发展的重要保证。据 2006 年的一项统计表明，全美 20 个最具发明创造的城市有 10 个在硅谷，平均每年约有四千多项专利申请注册。注册后注重自身知识产权保护，保护已有专利技术，以自身的专利技术自由进入市场、吸引投资和提高公司信誉，防止竞争对手进入公司潜在的市场。最后，完善的金融资本服务。风险资本是创新企业成长的营养源，风险投资公司则是企业创新的加油站。在企业创业初期，风险投资公司通过多种渠道向金融机构及个人提供融资服务，为创业项目进行风险分析与评估，提供信息咨询、管理咨询、战略决策等多方面的服务，极大地提高了创新的成功概率。21 世纪以来，硅谷平均每年吸引 300 多亿美元的风险资本，全美 600 多家风险投资企业中近半数将总部设在硅谷。硅谷的服务型企业是企业进行科技创新的助产士，硅谷有金融服务业、中介服务业、商业服务业等服务型企业，为创新型企业提供专门化、个性化的服务。硅谷产业园的创新运作模式如图 3 - 1 所示。

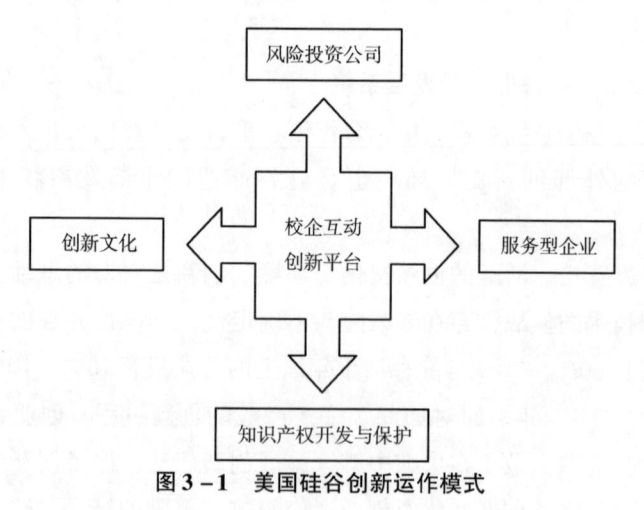

图 3 - 1　美国硅谷创新运作模式

3.1.3 美国原发性创新模式的启示

中国现代化战略研究课题组的《中国现代化报告2006》称美国已经率先进入知识经济时代经济现代化的发展期，而中国目前尚处于工业化进程的中期。中美两国在经济基础、社会制度、意识形态等方面存在较大的差距，生搬硬套美国自主创新模式、经验是行不通的，但美国原发性创新模式为创新型国家、区域建设提供了借鉴经验与依据。

3.1.3.1 政府的宏观引导与政策支持

美国自主创新领域所取得的成就离不开联邦政府的大力支持，从国家重点创新战略的制定，到对企业研发经费投入、重大创新攻关项目资助，到各项创新配套政策、措施的颁布都体现出政府是创新活动的重要引导者。仿效美国，在政府政策支持方面可采取以下措施。

首先，政府制定对国家经济和社会发展产生重大影响的自主创新计划及相关政策、措施，推动企业自主创新的良性发展。其次，逐步提高创新支出在国家财政支出中的比例，加大对国家重点实验室、国家级和省市技术研发机构的补贴，设立专项研发经费补贴项目，鼓励企业在重大、关键发展领域实现技术突破；建立企业创新动态补贴制度，创新绩效评估体系，对不同等级的企业实习差别补贴，以最大限度提高资金的使用效率；降低企业税收比例，以降低企业创新成本和社会负担，以提高企业研发经费投入比重；加快培育创新资金市场，调动和引导社会资金，多渠道增加对企业研发的投入。最后，政府提供有力的政策支持与法律咨询服务。为企业提供知识产权开发与保护、金融服务、风险资本管理服务与技术服务；完善研发服务业，开展风险资本管理与控制，营造有利于创新的法制环境，建立、健全鼓励创新、保护知识产权的法律、法规，促进公平竞争的市场秩序，加大对侵犯知识产权行为的处罚力度，提高侵权成本；减少企业的身份识别和差别待遇，鼓励国企、民营企业和中小企业、中外合资企业在宽松、公平的环境展开公平竞争，鼓励企业通过自主创新取得竞争优势。

3.1.3.2 产学研相结合创新联盟的发展

在政府主导下，美国建立了产学研相结合的创新联盟，鼓励产学研相结合的创新模式，尤其是高校在美国创新体系中发挥着极其重要的作用：不仅为社会培养和供给具有一定素养的劳动力和消费者，还是知识创新的起点、创新过程的源头，是连接教育、市场及新技术的媒介，美国校企合作平台比较完善，高校在刺激新知识产生及实现新知识向市场转化过程中的桥梁作用十分突出。以此为鉴，建立、完善我国、区域产学研相结合的创新联盟对提高自主创新产出率和成功率有重要推动作用。创新联盟主体在美国创新系统中的角色如图3-2所示。

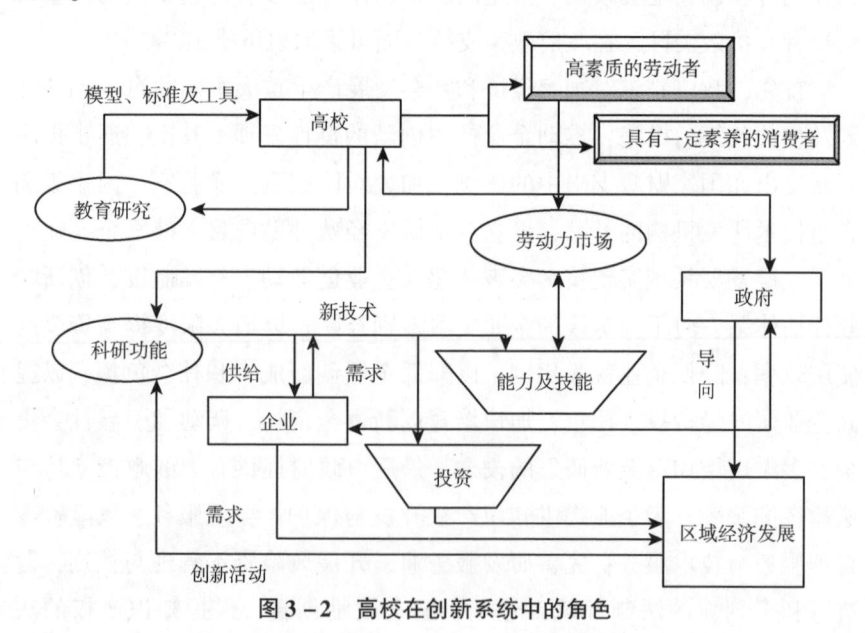

图3-2 高校在创新系统中的角色

3.2 日本"技术引进"到"技术赶超"创新模式

3.2.1 日本创新模式特征

第二次世界大战后日本经济迅速崛起，成为仅次于美国的世界第二大经济体，科技进步是日本经济增长的根本原因。弗里曼（1992）提出"日本创新体制是信息技术发展经验借鉴的首要对象"[1]。可见日本创新模式的世界影响力，日本创新模式的特征主要有以下几个方面。

3.2.1.1 重视"二次创新"

第二次世界大战后日本产业发展受到了严重影响，缺乏进行大规模原始创新的资源基础与条件，20世纪中期到70年代初，采取引进、消化吸收再创新为主的创新模式。从欧美引进具有市场发展前景的先进技术、设备，为跨国公司进行代工生产方式，接触发达国家先进技术，在贸易合作过程中，对先进技术进行开发改进，不断提高对技术消化、吸收、再创新能力，即"二次创新"能力间接提高自主创新能力。有人形象地比喻，日本人每引进100美元的技术，会用200美元来进行学习、消化和创新，并用创新出的专利技术赚回300美元。本田摩托车当时是欧美市场上的劣等品，本田创始人从德国购买先进的生产技术，对新技术消化、吸收，在原有技术基础上不断创新，终于生产出了久负盛名的高品质摩托车，实现了技术赶超。

---

[1] 张荣峰，章利华. 自主创新的理论、国际经验和模型构建 [J]. 世界经济与政治论坛，2006（4）.

3.2.1.2 以市场需求为导向的创新

20世纪70年代中期至今，日本主要采取以市场需求为导向的破坏性创新。以市场需求为导向体现在日本研发活动的重点在于应用性研究和工艺、产品的创新上，日本80%以上研发费用直接用于从事与市场需求相关的研究与开发。以市场需求为导向的创新使创新"有的放矢"，企业创新活动不以市场为导向，没有客户需求的指引，便会成为"空中楼阁"，没有实际价值。20世纪90年代日本索尼公司发明了随身听（Walkman），改善了音质效果，缩小了体积，可放置于口袋中随身携带，轻巧、精致、时尚，满足了日本时尚、潮流年轻人追求简单、轻松生活态度的市场需求，符合年轻人的审美需要，在日本及全球范围内迅速掀起了一场音乐革命，取得了巨大的收益。实现了新产品—市场（客户）的完美衔接，降低了创新的风险与资源浪费。

3.2.1.3 适时推行"破坏性创新"

"破坏性创新"是逆主流商业模式而行的另一种商业模式，当大部分企业以主流商业客户为市场目标，开发研制满足这一群体需要的新产品和服务的时候，企业通过开发还尚未稳定但具有其他特点的新产品服务，争取新的客户群，选择另一种商业模式，取得市场竞争主动权。

"破坏性创新"是日本在第二次世界大战后迅速发展成为世界第二大经济强国的重要手段。20世纪50年代晶体管在美国发明，日本引进了基础技术，当欧美等国在豪华、多功能等产品特征上发展自身竞争优势的时候，日本企业却另辟蹊径，在精致、高质、节能等方面投入发展的人力、物力和财力，发展自己的核心竞争力，以稳定、高质量的产品赢得竞争优势，发展本国家电企业，取得了巨大的市场成功及收益，日本创新路径及特征如图3-3所示。

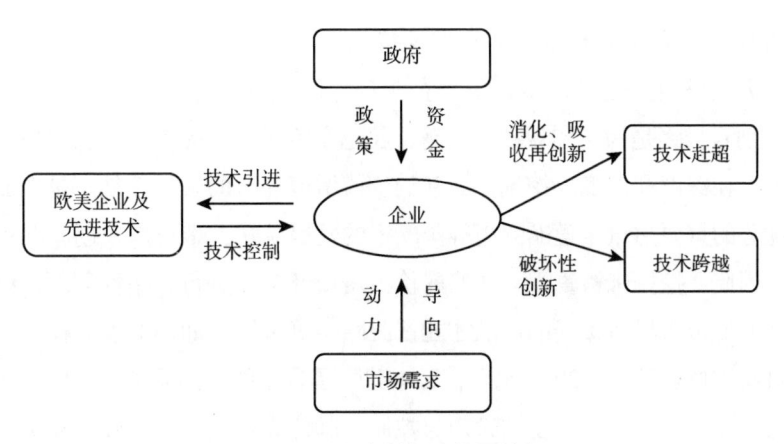

图3-3 日本创新路径及特征

3.2.2 日本创新模式成功的原因

第二次世界大战后日本经济高速发展，经济发展与资源、能源匮乏的矛盾日益突出，对国外资源、能源的依赖度逐步增强，创新是提高资源效率的唯一途径，日本政府决定实施"科学技术立国"新战略，1995年又将"科技创新立国"作为基本国策，进一步巩固了建立创新型国家的战略地位。基于自身技术、经济基础，适时调整创新战略目标是日本创新模式成功的关键。

20世纪五六十年代，欧美等国在晶体管、半导体科学、电子和光电子学等基础研究领域取得了重大突破，带动了应用技术的发展，引领国际科学技术发展的方向。日本作为技术追赶者，面对欧美等国技术领先者的技术控制和市场优势，将研发重点放在应用产品及工艺改进上，对先进技术模仿的基础上，加大对技术的消化、吸收与创新，不断积累创新所需的技术条件与基础，实现"技术模仿"到"自主创新""技术引进"到"技术赶超"的跨越。随着日本经济的日益强大，欧美等国对日本关键和核心技术的控制日益严密，难以从美国等西方国家引进所需要的尖端技术。原来以引进、消化、吸收、改进为主的创新模式，已经无法为日本经济参与国际竞争和实现持续增长提供动力①。因此，日本政府大力调整自主创新政策，引导企业自主创新的方向。

　　创新最终是为了实现技术跨越，超越竞争对手，战胜市场上的技术领先者，在深度和广度上挖掘产品新的价值增值环节的破坏性创新是形成竞争优势的重要力量。遵循欧美等国既定的发展模式，难免陷入创新路径依赖，因此，挖掘未被重视、忽略的价值增值环节，进行开拓性创新，创造出新的能被市场所接受的产品才能摆脱欧美等国既定的商业发展模式，确立自身市场竞争力。20世纪末，日本建立了自己的产品质量管理体系，加强对产品性能、生产速度的管理与控制，降低库存成本，突破了欧美以大规模生产方式取得竞争优势的战略，奠定了日本世界技术强国地位。

3.2.3　日本创新模式的启示

3.2.3.1　适合调整自主创新战略目标

　　日本创新模式可以用"灵活"来表示，在经济基础、科技实力与技术领先者存在较大差距的时候，重视应用技术的引进与发展，对欧美的先进技术采取"拿来主义"，通过消化、吸收再创新弥补技术引进成本，缩小与技术领先国的差距，实现技术赶超。

　　全球价值链下我国长三角地区企业通过代工生产（OEM）方式融入全球生产网络，OEM供应商为跨国公司进行零部件组装或者依据跨国公司提供的核心技术完成某些零部件生产，在此过程中，跨国公司会进行必要的技术转移与渗透，以保证产品、服务达到国际通用的标准，这为OEM企业升级提供了良好的机遇。仿效日本企业的做法，长三角地区企业基于自身的技术基础提高对先进技术的消化吸收能力，最终实现对先进技术的"技术跨越"，达到技术领先的目的。

---

①　饭沼和正．从模仿到创造——处于转折点的日本技术 [M]．太原：山西科学技术出版社，1995．

3.2.3.2 以市场需求为导向

以市场需求为主导的创新是提高企业创新成功率的重要来源。创新只有以市场需求为中心，创造出市场需要的产品，才有发展前景，获得经济回报。从商品价值的实现过程来看，生产的首要目的是消费，企业生产的商品只有符合消费者的偏好、习惯及支付意愿才能实现商品的价值，扩展到宏观层面市场需求是决定任何商品的使用价值能否转化，得以实现的关键要素。旺盛的市场需求是降低研发风险，推动产业内部企业竞相开展研发活动生产适销对路商品的内在动力，也是扩大生产规模，改进企业组织结构，通过工艺、生产过程、功能与生产管理组织制度等创新，提升产业结构层次的重要来源。我国学者陶良虎（2008）提出市场需求的产业关联与渗透引发关联产业的共同技术不断进行维持性创新或者突破性创新，形成"需求—创新—再创新"的良性循环。

据2005~2009年长三角地区统计年鉴显示，长三角地区高校每年取得的科技成果在6000~8000项，但真正实现成果转化与产业化的不足10%。另据世界银行测算，我国科技成果转化率不到15%。企业、高校、科研院所、政府构成互动循环的四角，以市场需求为导向进行技术创新，建立高校基础性研究—企业研发—商品—市场化良性循环互动关系，将生产与消费结合起来，提高科技成果价值和自主创新效率，否则消费群体缺失会阻断创新成果市场化进程，造成创新资源、成果的浪费。

3.2.3.3 实现由"技术引进"到"技术赶超"跨越

技术引进需要付出相应的技术引进费用，技术引进的目标是实现"二次创新"，摒弃那些不能推广和消化的技术，即使该技术能够暂时带来可观的经济收益或者回报，需要树立长远、全局的发展观，将消化、吸收再创新作为技术引进的终极目标。将技术引进与技术创新相结合，确立自己的创新体系，实现"技术超越"。

3.3 韩国主导产业创新模式

3.3.1 韩国国家创新体系特征

20世纪中后期起,韩国先后推行了"以出口为导向""贸易立国""科技立国"的经济发展战略,完成了由农业国向先进工业国、知识经济强国的转变。据韩国教育科学技术部统计,科学技术对韩国经济增长的贡献率由20世纪90年代36.1%的平均水平,上升至21世纪初的41.5%,2009年接近50%。科技投入的数量和强度呈现递增趋势,韩国2008年科技投入强度为3.47%,专利申请数量居世界前列,迈入世界创新强国之列。韩国的崛起离不开韩国创新体系的支撑,韩国国家创新体系主要有以下特征。

3.3.1.1 完备的法律、政策支撑体系

政府制定、完善了相关科学技术法律、法规推动经济发展。韩国政府1982年颁布《技术发展促进法》,由科学技术部主导"开展一系列国家研发计划,包括先导技术计划(HAN)、创造研究项目(CRI)和国家研究实验室计划(NRL)等";后来又制定了《科技振兴法》《技术开发促进法》《技术开发投资促进法》等科技发展法律。为鼓励高新技术的发展,韩国政府制定了政府采购法,优先购买国内技术开发的新产品,以保护国内尚未成熟的市场。虽然这种做法有悖于市场经济的发展,在一定时期内为促进民族工业的发展壮大起到了积极的推动作用。

同时,韩国政府鼓励中小企业创新,制定了一系列中小企业的科技创新政策,约有95项之多,最主要的是技术开发准备金制度和加速折旧的科技税收优惠政策。技术开发准备金可按收入总额的3%提取技术

研发准备金，在以后三年内用于技术开发、引进技术的消化改造、技术信息及技术培训和研究设施等，三年到期时未使用的资金，计入企业所得纳税。这一政策在某种程度上满足了企业对技术研发资金的需求。加速折旧优惠政策鼓励企业尤其是高科技企业的设备更新，有利于提高企业、行业的生产效率和生产水平。

3.3.1.2 政府、企业研发投入水平高

每年韩国大型企业维持着很高的研发投入强度，2007年韩国二十多家大型企业企业研发投入已超过180亿美元，企业研发人员占全社会研发人员比例的60%以上，其中，三星集团2007年一年的研发投入高达5亿美元，高水平的研发投入是三星集团保持持久创新活力的重要来源。

另外，韩国政府重视培育具有国际竞争力的大型企业，政府研发投入一直保持较高水平。韩国政府2008年8月颁布实施《李明博政府科学技术发展基本规划》，计划将研发强度由2006年的3.23%提升至2012年的5%，《2010年科技发展规划》政府又加大对基础研究的投入，投入比例由2009年的29.3%提升至31.3%，尤其是扩大了对个人和小规模基础研究的支援。

3.3.1.3 明确的自主创新发展战略目标

1982年确立了"科技立国"战略，总统每季召开一次"科技振兴大会"，制定和调整科技政策，标志着韩国建设创新型国家战略转型的开始。20世纪80年代末，韩国开始选择高科技产业进行创新突破，采取"以点带面"的发展战略。1989年制定了《尖端产业发展五年计划》，重点发展微电子、半导体、光纤技术重点推进微电子、新材料、生物工程和光纤维等领域；1991年制定了"G7工程"，以核反应堆和超高集成半导体等应用技术为研究对象；2001年制定了《科学技术基本计划》，大力发展通信、信息产业、生物工程、纳米技术，开始向信息产业为主导的知识产业型国家迈进。2005年8月，韩国政府又确定20项"国家有望技术"

作为今后重点发展的技术。2008年8月颁布实施《李明博政府科学技术发展基本规划》，通过重点发展7大科技领域和构筑7大科学技术培养体系，使韩国在2012年跻身世界7大技术强国之列。

3.3.2 韩国电子信息产业创新模式分析

3.3.2.1 韩国电子信息产业的发展历程

电子信息产业是信息技术革命下的新兴行业，具有广阔的市场前景和发展潜力，实现国家产业结构由农业国向知识强国的转型，电子信息产业是重要的突破口，1972年韩国政府颁布《技术发展促进法》，电子信息产业发展逐步进入正轨。鉴于国内市场需求狭小，韩国政府推行了"出口为导向"的经济发展模式，大力开拓国外市场，20世纪90年代起，电子信息产业开始进入发展的快车道，2000年韩国IT产业出口占出口总额的29%，贸易顺差为130%；2006年韩国IT产业出口额达589亿美元，比2005年增长了9.1%；据韩国知识经济部公布的最新数据，2010年4月底，韩国IT产业成品出口额比同期增长了43.6%，目前，韩国已成为世界四大电子信息产品制造国之一，成功完成了产业结构升级与转型。

3.3.2.2 电子信息产业创新路径分析

技术引进—技术赶超是韩国电子信息企业创新路径的典型概括。20世纪中期，韩国经济基础薄弱，缺乏自主创新的技术基础和市场环境，主要从欧美等国引进先进技术，采取集成创新的形式不断提高企业技术能力与水平。20世纪七八十年代，在某些环节展开研发与设计活动，开始对发达国家实施技术赶超，90年代末韩国电子信息产业基本实现了对欧美先进技术的跨越，许多产品、技术获得了自己的自主知识产权，有22种113项韩国技术被确定为国际标准，成功完成了对欧美等国的技术跨越。

半导体是韩国企业实践技术引进—技术赶超的典型案例。20世纪60年代中期，韩国开始为美国进行半导体代工生产（OEM），即为跨国公司进行中间产品组装或者核心零部件生产的方式，参与国际贸易与合作。在此过程中引进和购买美国相关技术，进行必要的技术积累。20世纪七八十年代，韩国开始进行自主研发，实行技术赶超，政府与三星、LG等企业通力合作，开展对世界领先技术的研发工作，1992年与美国、日本共同研发出了64M D-RAM（动态随机存取存储）技术，1994年自主开发出256M D-RAM，实现了以自主技术创新为主的技术赶超，成为世界半导体存储技术的领先者。后来，韩国政府《新一代半导体基础技术开发项目》，并于1996年成功开发1G D-RAM，2001年4月又最早开发出4G D-RAM，成为世界上存储技术最强的国家。21世纪以来，除了存储技术，韩国大型电子通信企业CDMA和WCDMA也保持着世界领先水平。

3.3.3 韩国创新模式的启示

韩国以电子信息产业为主导产业，发挥产业关联和渗透效应，实现技术后发国家实现技术赶超的典型案例，选择若干关键产业或者核心领域为突破口，推动产业结构升级是建设创新型国家的路径之一。

第一，选择若干具有发展潜力的主导产业。19世纪末20世纪初，信息技术革命的兴起，与信息技术有关的高技术产业兴起，这些产业处于产业发展初期，关键领域技术创新往往会导致一场新的技术革新与市场竞争，影响消费者的消费偏好，根据企业自身技术基础，进行新产品、新技术研发是企业取得竞争优势的重要来源。

韩国政府选择了产业关联度与渗透性强，有发展潜力和广阔市场需求的电子信息产业为国家的主导产业，加大对基础研发、产品设计等领域的投入，实施一系列税收优惠政策，鼓励研发主体不断实现技术突破，实现对国际先进技术的跨越。20世纪末21世纪初，韩国成为电子信息产品最主要的出口国之一，在CDMA、动态存储技术等领域处于世界领先水平。

长三角地区是我国要素禀赋基础较好、最具创新活力的区域,承担着国际产业转移和区域产业结构转型升级的区域发展目标。借鉴韩国创新路径经验,基于长三角地区经济发展的实际情况,选择若干个主导产业,加大研发投入和财政、税收支持力度,使其成长为具有一定世界影响力的产业,带动区域产业结构和价值链升级。

第二,完善自主创新的相关法律政策。韩国政府在自主创新活动中,法律上高度重视,政策上大力支持。政府先后出台了一系列国家性科技政策与法规,尤其是通过立法的强制力对高新技术产品实施政府采购,规范科技经费流通管理机制。在现代市场经济体制不健全,现有制度安排还未形成对自主创新的有效激励情况下,建立、完善激励自主创新的政策法规,对自主创新内外部市场环境的形成有积极的推动作用。

目前,长三角地区相关部门出台了《长江三角洲区域规划》等地方性政策法规,但至今没有颁布规范自主创新行为、创新活动的相关法律、法规。因此,为规范创新主体的创新行为,调动其积极性,加大对创新主体体制、法规和政策等方面支持,是形成公平竞争、有序的自主创新外部环境的基础。例如,在国家《科技进步法》的基础上制定《长三角地区技术创新法规》,确保税收、政策优惠内容的规范性、透明性;对中小企业技术创新的支持形成规范性法规制度,规范企业融资的金融市场秩序等。

3.4 芬兰大型跨国企业创新模式

3.4.1 芬兰国家创新体系成功的原因

3.4.1.1 人性化基础教育支撑

芬兰拥有世界上强大的教育资源,20世纪末开始,经济合作暨发展组织开展国际学生评量计划，对全球 50 多个国家 15 余万中学生持续、定期进行素质测评，2008 年结果显示，芬兰学生不仅在阅读、解决问题能力项目上拥有出色表现，而且在自然科学等科目的表现也相当起眼，成为世界上"落差最小"的教育体制，基础教育阶段学生个体差异小，整体质量高。主张对学生进行"人本教育"，对学生不束缚，而是针对个性不断修改、提高。这种人性化基础教育体制，强调推出个性化产品，为芬兰培育、造就一大批具有创新精神、意识的企业家奠定了基础。

3.4.1.2 重视创新产学研一体化

芬兰构建起了包括企业、政府、高校、科研机构的合作创新联盟。各创新主体之间分工协作、运转有序。企业是创新系统的核心，是自主创新的主体，承担主要科研活动及市场推广活动。政府加大对创新链的支持，在自主创新过程中发挥宏观引导及财政支持作用，政府每年研发投入比重约占研发总投入的 30%，同时还将重大科技发展项目纳入国家计划，与企业共同投资，成果归企业享用。高校、研究机构是企业的知识合作平台，将近 50% 的企业与高校、研究机构建立了合作关系。企业、高校、科研院所及政府通力合作，是国家创新体系高效运转的内部框架支撑。

重视创新成果商业化、市场化。芬兰政府不仅建立了独特的国家创新体系，而且重视创新成果市场化过程，为此成立了专门的创新成果市场化组织机构——芬兰贸促会，帮助企业推广技术创新成果，推动创新成果市场化，该组织在世界 34 个国家和地区设有 50 余个出口中心（我国有 8 个出口中心），跟踪研究当地市场创新需求，捕捉相关市场信息，寻求新的合作伙伴。2010 年 12 月底，芬兰贸促会带领芬兰部分中小企业来到我国四川地区进行投资测评，扩大海外市场，是芬兰创新市场国际化的重要推动者。

3.4.2 诺基亚自主创新模式

3.4.2.1 诺基亚成长历程

1865年诺基亚公司的原型费雷德里克芬造纸厂在芬兰赫尔辛基北部成立，随着行业规模扩大及新市场业务的开拓，兼并了附近的橡胶厂、制造电话、电缆的芬兰电缆厂，产品种类和市场份额不断扩大，资本积累不断增加。20世纪中后期，发展成为橡胶、机械、电缆等产品的综合供应商。1960年，以光线电传输为新业务拓展对象，开始了诺基亚技术转型之路。

信息技术革命的兴起，巨大的市场需求召唤技术创新，诺基亚具有创新意识的管理层做出向通信行业发展的战略目标。1992年后，诺基亚由传统的橡胶、机械、电缆等传统制造业发展成为经营计算机、电子消费产品和电信产品的高科技公司。转型初期，企业发展几经波折，曾出现过严重亏损，为集中力量发展通信技术产业，将橡胶、机械等制造业转移或者独立出去，集中90%的人力、物力、财力进行移动通信器材和多媒体技术的研究及开发，企业进入了迅速成长、发展阶段。

20世纪80年代末，诺基亚公司还处于缓慢发展阶段，通信业务在企业营业额份额中所占比重仅为15%，20世纪90年代初起，诺基亚公司迅速成长。1998年生产出世界第一部移动电话，成为世界上最大的移动电话生产商。21世纪初期，诺基亚通信领域的营业额已达到90%，在全球移动通信市场的份额达到30%，实现了企业跨越式升级。近几年，随着苹果、三星等移动通信制造商迅速崛起，诺基亚企业市值不断缩水，但是丝毫不能撼动其在世界通信行业发展史上的地位。

3.4.2.2 诺基亚成长之路特点

（1）以市场需求为导向的技术创新。19世纪末20世纪初，信息技术产业兴起，与信息技术有关的移动通信产业、光纤产业代表了行业发展的方向，诺基亚的战略领导者马蒂阿拉呼特敏感地察觉到了未来经济增长的方向，果断调整主营业务方向，将主营业务产品由传统的橡胶、机械制造转移到新兴的移动通信产业相关产品，由简单制造业转型为通信企业设备供应商。

20世纪中后期，诺基亚刚刚进入移动通信领域时，采取了以"小企业制胜"的经营发展之路，当诺基亚势单力薄，无法与西门子、摩托罗拉等大型企业相比时，时任总裁的马蒂提出了小企业的生存与发展法则：改变竞争规则、创造新生事物，果断做出移动电话研发的创新战略，推出市场需求旺盛的通信产品，带动和满足了巨大的市场需求，企业走上了迅速发展的快车道。

（2）自主创新是实现技术赶超的主要路径。诺基亚的成长主要依赖企业自主创新，开发符合市场需求的产品，占领、拓展新市场。自主创新的成功离不开对企业技术、资本基础及发展方向的判断及把握。在企业转型初期面临摩托罗拉、西门子、爱立信等众多强大的竞争对手，他们拥有丰富的市场经验、市场占有额和强大的研发基础，诺基亚无法与之抗衡，采取分割传统业务，集中90%精力进行移动通信器材和多媒体业务研发和自主创新活动。在关键环节取得竞争优势，是诺基亚成功的重要来源。

（3）充分利用北欧良好的创新外部环境。推出符合市场需求的产品是企业取得成功的关键，企业根植的创新环境、市场环境则是企业发展的土壤，诺基亚自主创新、成功转型离不开北欧市场环境的培育。20世纪80年代起，北欧各国陆续发布了针对模拟移动电话的北欧移动电话系统，解决了移动电话跨国漫游的障碍。另外，北欧移动通信行业与欧洲大陆采取同样的全球数字移动电话系统行业标准，因此，芬兰与欧洲各国联系交往日益紧密，成为推动诺基亚成功的有利因素。

3.4.3 诺基亚创新模式对长三角大中型企业的启示

在芬兰强大创新网络的支撑下，诺基亚自成立到实现企业改组，历经百年，发展成为世界著名跨国企业，成为芬兰国家的代表，足见其在全世界范围的影响力。培育具有较强竞争力和影响力的大型企业、跨国公司，发挥其规模效应和辐射效应，是提高区域自主创新能力的重要组成部分。

缺乏具有国际影响力的大中型企业是长三角乃至全国自主创新能力处于较低水平的重要原因，长三角地区劳动力丰富、拥有良好的投资、社会环境和高素质的劳动力资源，但依旧没有摆脱经济增长方式在价值链低端盘旋的发展状况。在维持传统制造业发展状况的基础上，向高端的通用及专用设备制造、医药制造等附加值高的产业部门过渡，集中精力进行单一或者具有自身竞争优势产品研发创新，改进、提升原有产品的性能及品质，或者推出符合市场需求的新产品，取得自有知识产权和品牌，形成若干个具有行业、区域影响力的颇具规模的大型企业，鼓励其参与国际竞争，提高其竞争力，以其为龙头带动产业升级和自主创新能力提高。

总之，美国、日本、韩国和芬兰的创新之路各不相同，但都实现了各自强国之路。以美国、日本、韩国、芬兰四国为基准，选取不同的研究对象及层面对区域自主创新的国际经验进行比较研究。分析了美国原发性创新模式、日本"技术引进"向"技术赶超"创新模式、韩国主导产业创新模式、芬兰大型跨国企业创新模式，归纳创新模式的特征、路径，分析成功的原因、总结国际经验，为长三角地区乃至全国自主创新能力提高提供经验借鉴。

第4章 全球价值链下"技术引进"到"技术赶超"创新路径

4.1 全球价值链下利益分配非均衡性分析

全球价值链是跨越全球的生产网络组织,它涉及经济活动的每一个环节,地区与地区之间、企业之间、产业内部都存在着价值链。在全球生产网络中,研发设计、生产制造、营销销售等价值链环节的地位和作用是不同的,每个价值环节的利润率与报酬率不同,价值链利润分配与产品附加值紧密联系在一起,技术资本密集的研发设计环节、营销环节产业附加值高、知识产权含量高,在价值链利润分配中掌握主动权,劳动力密集的生产制造环节知识产权含量低,附加值低,在利润分配中处于被动、附属地位。

4.1.1 生产者驱动型价值链利益分配非均衡性分析

生产者驱动型价值链(Producer-driven Global Value Chains,P-GVC)基于大型跨国公司自身的技术、资本优势,指挥和协调整个价值链的经济活动,形成跨越全球的生产网络。这类价值链的动力来自对技术和资本的控制,整个价值链包括上游研发设计、中游生产制造、下游营销销售三大环节如图4-1所示。

```
┌─────────────────┐     ┌─────────┐     ┌─────────────────┐
│   上游生产者    │ ──▶ │中间产品 │ ──▶ │   下游销售者    │
│ (1, 2, 3, …, N) │     │         │     │ (1, 2, 3, …, M) │
└─────────────────┘     └─────────┘     └─────────────────┘
```

图 4-1　生产者驱动型价值链

假设： 上、下游跨国公司、中间生产制造商都遵循古典经济学理论，认同 U 型结构的边际成本曲线，上游中间产品供给者的总体供给函数为：

$$Z = \sum_{i=1}^{n} a_i + \sum_{i=1}^{n} b_i p_1 \qquad (4.1)$$

其中，p_1 为中间产品的价格，a_i、b_i 为常数项系数。

下游中间产品需求者的总体需求函数为：

$$Y = \sum_{i=1}^{m} c_i - \sum_{i=1}^{m} d_i p_1 \qquad (4.2)$$

其中，p_1 为中间产品的价格，c_i、d_i 为常数项系数。

在上、下游供给、需求函数方程相同的情况下，上、下游总供给者和总需求者的数量可表示为：

$$Z = na + nbp_1 \qquad (4.3)$$
$$Y = mc - mdp_1 \qquad (4.4)$$

在市场均衡条件下，上游中间产品的供给者与下游中间产品的需求者数量相同，即公式 (4.3) = 公式 (4.4)，即可求出中间产品的均衡价格：

$$p_1 = \frac{mc - na}{nb + md} \qquad (4.5)$$

对公式 (4.5) 求偏导得：

$$\partial p_1/\partial m > 0, \partial p_1/\partial n < 0 \qquad (4.6)$$

不等式（4.6）表示中间产品的价格 p_1 与上游供应商企业数目成反比，与下游需求企业数量成正比，将公式（4.5）代入公式（4.3）或公式（4.4）中求出中间产品的均衡产量：

$$Q = \frac{mn(bc+ad)}{nb+md} \qquad (4.7)$$

对公式（4.7）求偏导得：

$$\partial Q/\partial n > 0, \partial Q/\partial m > 0 \qquad (4.8)$$

不等式（4.8）表示市场均衡时中间产品产量与上、下游企业数目成正比。

根据公式（4.7）求出单个上游供应商提供的中间产品量和单一下游企业对中间产品的需求量：

$$Z_1 = \frac{m(bc+ad)}{nb+md}, Y_1 = \frac{n(bc+ad)}{nb+md} \qquad (4.9)$$

对公式（4.9）求偏导得出：

$$\partial Z_1/\partial n < 0, \partial Z_1/\partial m > 0$$
$$\partial Y_1/\partial n > 0, \partial Y_1/\partial m < 0 \qquad (4.10)$$

不等式（4.10）表示单个中间产品生产者的产量与生产者数量呈反比，与市场需求成正比；单个需求者对中间产品的需求量与生产者数量成正比，与需求者数目成反比。

由此可以得出以下结论：生产者驱动型价值链中间产品市场需求量及市场价格受制于上下游价值链，中间环节知识产权和价值含量低、进出门槛低、产品差异化程度不强、市场结构趋向完全竞争。处于中间生产环节的企业处于被控制地位，没有利润分配的主动权。因此，提高企业技术、资本要素密集度和自主创新能力是企业摆脱价值链低端，提高企业竞争力的内在动力。

4.1.2 购买者驱动型价值链收益的空间分布的非均衡性

购买者驱动型价值链（Buyer - dirven Global Value Chains, B - GVC），居于活跃地位的通常是知名的大型供应商、销售商，凭借强大的销售营销能力，构建起跨国销售流通网络，利用发展中国家廉价的劳动力获得成本竞争优势。这类价值链往往与劳动密集型资本相连接，如服装加工、玩具、小家电、鞋类等日常消费品领域。这类价值链的竞争力来源于对采购、销售等商业资本的控制。B - GVC 型价值链将欠发达经济体纳入到全球资本循环过程中，某种程度上会带动这些国家、地区工业化和城市化的进程。为简化起见，将全球价值链划分战略价值链环节（营销销售）和低附加值环节（生产制造）两大环节。处于低端价值链环节产品的价格为 P_1，战略环节产品的价格为 P_2，市场需求的反函数为：

$$P_2 = a - bQ \qquad (4.11)$$

假设战略环节需要低端价值链环节作为中间产品投入，$Q = f(q)$，战略环节价值链的市场结构有完全垄断、寡头垄断、垄断竞争三种类型。本书讨论在垄断竞争条件下战略环节的收益分配状况。

在战略环节价值链中共有 N 家企业（$N > 2$），市场需求的反函数为：

$$P_2 = a - b \left(\sum_{k=1}^{N} Q_k \right) \qquad (4.12)$$

企业 j 的利润函数 $= R(Q_j) - C(Q_j) = a - b(\sum_{k=1}^{N} Q_k)Q_j - (p_1 q + c_2 q + C_2) = aQ_j - b\left(\sum_{k \neq j}^{N} Q_k\right)Q_j - bQ_j^2 - (p_1 Q_j + c_2 Q_j + c_2)$，令企业 j 的偏导数为零，可得 $(a - p_1 - c_2) - 2bQ_j - b\left(\sum_{k \neq j}^{N} Q_k\right)^e = 0$，在完全理性条件

下，企业 j 对其他企业的产量的预期都符合其实际产量，则有：$\left(\sum_{k\neq j}^{N} Q_k\right)^e = \left(\sum_{k\neq j}^{N} Q_k\right)$，推出 $a - p_1 - c_2 - b\sum_{k=1}^{N} Q_k - bQ_j = 0$，$bQ_j = a - p_1 - c_2 - b\sum_{k=1}^{N} Q_k$，在古诺均衡时，每个企业都应该达到利润最大化，从而有 $Q_j = Q^*$，该环节的价值总量和为 $Q = \sum_{j=1}^{N} Q_j^* = \dfrac{a - p_1 - c_2}{(N+1)b}$，价格为 $p_2 = a - bQ = a - b\sum_{j=1}^{N} Q_j^* = \dfrac{a + Np_1 + Nc_2}{N+1}$，处于战略环节的企业高出边际成本的量为 $p_2 - (p_1 + c_2) = \dfrac{a - p_1 - c_2}{N+1}$，当 N 越趋向于无穷时，p_2 的价格越低，越趋近于边际成本，市场结构越趋向于完全竞争。

可以得出这样一个结论，购买者驱动型价值链的高价值链环节是利润分配的主体，攫取了整个价值链的大部分利益，处于生产环节的低端价值链主体只能获得被摊薄的平均利润。

综上所述，不论哪种类型价值链，中间生产制造环节都处于利润分配的低端，研发设计和营销环节获取了大部分利润。拥有强大的研发设计能力或者广阔的市场份额，拥有庞大市场营销网络的跨国公司，通过制定产业标准、执行和监督标准实施，协调组织价值链各环节的价值创造活动，并控制不同经济体在价值链中的利润分配。即将原来跨国公司对价值链产权的治理变为基于技术标准、品牌、专利技术、利润分配等方面的治理活动。而自主创新能力与价值链等级是紧密联系在一起的，价值链引导自主创新的方向，自主创新能力是决定价值链利润分配的根本内因。自主研发能力、自主知识品牌和核心技术、营销能力代表着市场、利润分配的主导权，在"干中学"和"用中学"中摆脱发达国家"技术陷阱"，实现后发国家"技术赶超"，实现向价值链两端攀升，是弱化价值链利润分配非均衡性的重要来源。

4.2 技术进步与创新模式关联性分析

后发国家两种技术进步模式为"技术引进"和"技术赶超",对应的创新模式为模仿创新和自主创新。技术进步与创新模式选择互动过程表现为:后发国家充分利用技术后发优势,采取"技术引进"方式,通过对先进技术"技术模仿"参与到全球生产网络,当技术累积到一定程度,在某些技术环节通过自主创新,实现由"技术引进"到"技术赶超"的跨越。事实是大多数技术后发国家没有通过发挥技术后发优势,缩小与发达国家在技术层面上的差距,而是在不断扩大。

4.2.1 "技术引进""技术模仿"与"后发优势悖论"

"技术引进""技术模仿"是"后发优势"的重要来源。"后发优势"源自推动经济增长的各种要素之中,经济增长的源泉来自于推动经济增长的各种要素投入,由于劳动力、资本等生产要素投入的有限性和边际报酬递减规律,技术进步成为推动经济增长的最终要素。由于技术先进国与技术后发国在技术发展阶段、技术发展水平的差距,使得技术后发国有机会吸收利用世界先进技术。

实践证明,技术引进和技术模仿是技术后发国家赶上已有的前沿技术,较快地促进本国技术进步,拥有"技术后发优势"的重要来源。技术模仿的知识和技术来源于创新系统外部,是发展中国家或地区促进技术进步、实现技术赶超必不可少的途径。亚洲"四小龙"、日本的崛起是"技术后发优势"的典型代表。我国改革开放30多年来的技术引进与模仿创新推动了经济迅猛发展,长三角地区通过技术引进、技术模仿嵌入全球价值链,参与国际贸易,以制造业为主导的对外贸易出口额呈现出上升趋势,成为世界制造基地,经济影响力不断扩大。

第4章 全球价值链下"技术引进"到"技术赶超"创新路径

"后发优势悖论"的存在及原因。大量实证研究表明"技术引进、技术模仿"不支持经济赶超效应的存在，技术后发国家并不能通过技术引进和技术模仿缩小与技术先进国的差距，存在技术"后发优势悖论"。其原因有以下几点：从表面上看，技术后发国被动接受技术先进国的先进技术，容易对先进技术形成依赖性，抑制了创新的积极性和主动性，忽略了重大科技攻关项目的基础性研究，使模仿者很难把握科技发展趋势。同时，随着技术先进国对自有和核心技术保护，严格限制创新技术出口等相关政策出台，使得技术后发国的技术模仿日渐困难，丧失了技术赶超机会。

进一步来说，借助内生增长理论与新古典增长趋同相结合的增长模型，对"后发优势悖论"存在的内部机理进行分析。假设技术领先者生产 N_1 种中间产品，技术追随者不发明任何中间产品，而是对领先者进行产品模仿与改造升级。模仿需要付出成本（这一成本小于技术追随者自身自主创新成本），还需要建立与技术使用和生产技能适配度相吻合的制度及框架，考虑技术"适宜率"和要素适配度指标，技术领先者的生产函数为：

$$Y_1 = A_1 L_1^{1-\alpha} \sum_{j=1}^{N_1} (X_{1j})^\alpha \qquad (4.13)$$

其中，A_1 为劳动生产率参数，反映了技术效率水平，L_1 为投入的劳动力总量，X_{1j} 为第 j 种中间产品的投入，假设中间产品 X_{1j} 的生产成本为一个单位，根据垄断价格得出中间产品的价格为 $P = 1/\alpha$，令 X_{1j} 的边际成本等于价格，得出每种中间产品的使用量为：

$$X_{1j} = A_1^{(1/1-\alpha)} \alpha^{2/1-\alpha} L_1 \qquad (4.14)$$

将公式（4.14）代入公式（4.13）得到人均产出水平：

$$y_1 = Y_1/L_1 = A_1^{(1/1-\alpha)} \alpha^{2\alpha/1-\alpha} N_1 \qquad (4.15)$$

可以看出 y_1 随着 A_1 和 N_1 的增加而增加，令工资率 W_1 等于厂商的边际成本，即工资收入是 y_1 的 $1-\alpha$ 倍，可得到技术领先者出售第 j 种中间产品的垄断利润为：

$$T_{1j} = \frac{1-\alpha}{\alpha} A_1^{1/(1-\alpha)} \alpha^{2/(1-\alpha)} \qquad (4.16)$$

技术追随者的代表性厂商的生产函数为：

$$Y_2 = A_2 L_1^{1-\alpha} \sum_{j=1}^{N_2} (X_{2j})^{\alpha} \qquad (4.17)$$

技术追随者所需的中间产品 N_2 是领导者提供的中间需求品 N_1 的子集，其中模仿成本 M，$M > 0$，因为模仿需要付出相应的制度、技术成本：

$$X_{2j} = (A_2)^{(1/1-\alpha)} \alpha^{2/1-\alpha} L_2 \qquad (4.18)$$

$$y_2 = Y_2/L_2 = (A_2)^{(1/1-\alpha)} \alpha^{2\alpha/1-\alpha} N_2 \qquad (4.19)$$

比较公式（4.19）与公式（4.15）可以得出，y_2 与 y_1 的生产率参数之比 $\left(\frac{A_2}{A_1}\right)^{1/1-\alpha}$、模仿中间产品数占已发明中间产品数的比例 $\frac{N_2}{N_1}$ 及工资率的比例。

技术追随者 N_2 销售第 j 种中间产品的利润为：

$$T_{2j} = \frac{1-\alpha}{\alpha} A_2^{(1/1-\alpha)} \alpha^{2/(1-\alpha)} L_2 \qquad (4.20)$$

T_{2j} 等于技术模仿成本 M 是技术追随者进行模仿进入的约束条件。

根据以上模型我们可以得出技术领先者与技术追随者之间技术关系。若 $N_2 < N_1$，则 N_2 将比 N_1 增长得更快，技术追随者通过技术模仿获得了技术后发优势，但是永远不会超过 N_2 的界限。若 $N_2 = N_1$ 时，技术追随者与技术领先者间保持原有的技术差距。得出以下结论，技术追随者很难超越技术领先者的地位，技术后发国家也就无法取得对技术领先国的比较优势，因此，当技术、资本积累到一定程度后必须适时进行创新模式的转换与升级。

4.2.2 创新模式影响技术进步进程

与技术进步模式相对应，创新模式可分为技术模仿、自主创新两种模式。技术模仿是创新模式的基础阶段，来自于系统内部知识、技术累积的自主创新是创新的最高阶段，自主创新带来的突破性创新通常可以带来技术的重大飞跃或者产品功能完全革新。

基于不同的技术基础和发展阶段，自主创新和模仿创新两者创新模式各有利弊，两者存在互补效应，这两种模式将在一定时期内长期、相互作用，创新模式选择是技术进步过程的重要影响因素。在南北技术扩散模型中，技术后发国和技术领先国的生产函数为：

$$Y_i = K_i(t)^\alpha [A_i(t)L_i]^\beta \tag{4.21}$$

其中，$\beta = 1 - \alpha$，$i = N, S$，N、S 分别代表技术先进国和技术后发国，L_i 为外生给定劳动力供给量。资本积累量为：

$$\tilde{K}_i(t) = s_i Y_i(t) \tag{4.22}$$

S_i 为两种类型国家的储蓄率，假设存在 $S_N = S_S$，研发企业有相同的生产函数。企业的研发能力主要取决于物质、人力资本的投入，即企业的物质投入和有效的知识资本存量。技术先进国自主研发的技术总量生产函数为：

$$\tilde{A}_N = \gamma H_N A_N \tag{4.23}$$

H_N 为研发和人力资本投入，技术后发国家此时可以采取自主创新和技术模仿两种创新模式。自主创新即依靠技术落后国自身的科研能力进行技术的研究开发。技术模仿主要是对先进技术的模仿，即通过发挥技术后发优势所得，但是技术模仿区别于技术复制，需要投入模仿成本和相关制度、环境建设以及在自身技术基础上的消化、吸收再创新。如同前文所述，技术模仿是技术后发国家取得技术进步的重要来源，但是一味地"拿来主义"反而会形成对国外技术的依赖,拉大与技术先进国的技术差距。基于此,技术引进和技术模仿的目的是相同的,将技术模仿和自主创新作为衡量技术进步的内容。所以,技术后发国家研发部门的总量生产函数为:

$$\tilde{A}_S = \lambda \xi H_S A_S + \eta(1-\xi) H_S (A_N - A_S), \quad 0 \leq \xi < 1, A_N > A_S, \eta > 0 \quad (4.24)$$

λ 为自主创新效率参数,η 为技术模仿系数,假定技术后发国有足够的模仿能力可以发挥技术后发优势,H_S 为研发投入,ξ、$1-\xi$ 为总的研发投入中分别分配到自主创新和技术模仿中的比例,同时技术后发国对技术先进国的技术模仿只是后发国没有的部分进行模仿,即 $(A_N - A_S)$ 进行模仿。于是技术后发国的技术进步率:

$$g_{AS} = H_S \lambda \xi + \eta(1-\xi)(A_N/A_S - 1) \quad (4.25)$$

由公式(4.23)可得出,技术先进国的技术进步率为:$g_{AN} = \gamma^{HN}$,比较两者的技术进步率,当研发投入和研发效率参数相同时,$g_{AS} > g_{AN}$ 即理论上技术后发国具有明显的技术赶超效应。如果技术后发国鼓励自主创新,即选择以自主创新为主导的创新模式,该模式的政策效应取决于后发国家与技术先进国的前沿技术差距 (A_N/A_S),当技术后发国与技术先进国技术差距较大时,自主创新并不能收到令人满意的效果。只有当技术差距较小时,鼓励人力资本向自主创新部门流动的政策才能收到积极的效果。

区分自主创新和技术模仿的地位,可由 ξ 来区分。当 $\xi > 1/2$ 时,自主创新为主导的创新模式,此时技术后发国的技术基础已累积到一定阶段;而当 $\xi < 1/2$ 时,技术模仿为主导的创新模式,技术后发国与技术先进国之间存在较大的技术差距。确立 ξ 的值,适宜的技术进步率是影响后发国家技术赶超速度的重要影响因子,在技术赶超过程中,选择和适时调整 ξ 的值有助于推动技术后发国实现技术赶超。

4.3 价值链升级与自主创新路径选择

4.3.1 全球—国内—区域价值链水平测度

全球价值链背景下，充分利用国际市场嵌入全球价值链是发展中国家、地区发挥各自比较优势，承接国际产业转移，参与全球生产网络的重要途径，但是如果不重视自主创新和国内价值链升级，会面临低端嵌入、无法向高附加值环节攀升的困境，因此，提高自主创新能力，推动价值链升级是取得竞争优势的重要来源。本节以投入产出法为基本工具，提出全球—国内—区域价值链水平的测度方法，基于不同的价值链水平和特征，选择不同的升级模式与创新路径。

4.3.1.1 价值链水平测度的基本工具—投入产出法

投入产出法，就是把一系列内部部门在一定时期内的投入来源与产出去向制成一张纵横交叉的投入产出表格，据此建立数学模型，计算消耗系数，并以此为据进行经济分析和预测的方法。投入产出模型是由系数、函数关系构成的数学方程组，建立投入产出模型分为两步：首先，根据投入产出表计算相关系数；然后，根据投入产出表的均衡关系，建立起投入产出的函数表达式，即投入产出模型。主要包括以下几部分内容。

首先，投入产出表相关系数的确定。

(1) 直接消耗系数。又称技术系数或者投入系数，反映的是国民经济各部门间技术经济及产品间投入产出关系的重要指标。其经济学含义是生产单位 j 产品所直接消耗的产品 i 的数量。用公式表示为：

$$a_{ij} = x_{ij}/x_j, \quad i,j = 1,2,\cdots,n \qquad (4.26)$$

（2）完全消耗系数。产业的产品在生产过程中除了与相关产业有直接联系外，还与其他产业有间接联系，也就是产业间除了有直接消耗外，还存在间接消耗。完全消耗系数就是直接消耗和间接消耗的反映。完全消耗系数能够更全面、更本质地反映部门内部、部门之间的技术经济联系，有助于分析产业结构。完全消耗系数是某产业部门单位产品的生产，对各产业部门生产产品的直接消耗量和间接消耗量的总和。用公式表示出来就是：

$$b_{ij} = a_{ij} + \sum_{k=1}^{n} b_{ik} a_{kj}, \quad i,j = 1,2,\cdots,n \qquad (4.27)$$

产单位 j 产品所直接消耗和间接消耗 i 产品数量之和。用矩阵表示为：$B = (I-A)^{-1} - I$，其中 B 为完全消耗系数矩阵；I 是单位矩阵；A 为直接消耗系数矩阵；$(I-A)^{-1}$ 是 $(I-A)$ 的逆矩阵；$(I-A)^{-1}$ 也称为里昂惕夫逆矩阵。

$$B = \begin{bmatrix} b_{11} & b_{12} & \cdots & b_{1n} \\ b_{21} & b_{22} & \cdots & b_{2n} \\ \cdots & \cdots & & \cdots \\ b_{n1} & b_{n2} & \cdots & b_{nn} \end{bmatrix} \qquad (4.28)$$

其次，投入产出模型的确立。根据投入产出表行的平衡关系和直接消耗系数建立投入产出的基本模型。由直接消耗系数公式 $a_{ij} = x_{ij}/x_j$（$i,j=1,2,\cdots,n$）得出 $X_{ij} = a_{ij} \times X_j$，将其代入上式按行建立平衡关系式，整理得出以下投入产出模型：

$$\sum_{j=1}^{n} a_{ij} X_j + Y_j = X_i (j = 1,2,\cdots,n) \qquad (4.29)$$

对其进行移项得：

$$Y_j = X_i - \sum_{j=1}^{n} a_{ij} X_j (j = 1,2,\cdots,n) \qquad (4.30)$$

将公式（4.29）转换成矩阵得到：

$$(I-A)X = Y \tag{4.31}$$

其中，$(I-A) = \begin{bmatrix} 1-a_{11} & -a_{12} & \cdots & -a_{1n} \\ -a_{21} & 1-a_{22} & \cdots & -a_{2n} \\ \cdots & & & \\ -a_{n1} & -a_{n2} & \cdots & 1-a_{nn} \end{bmatrix}$；$X = \begin{bmatrix} X_1 \\ X_2 \\ \cdots \\ X_n \end{bmatrix}$；$Y = \begin{bmatrix} Y_1 \\ Y_2 \\ \cdots \\ Y_n \end{bmatrix}$

如前文所述，$(I-A)$ 为里昂惕夫矩阵，其经济含义是每一纵列代表某产业为生产一单位产品所要投入各相应产业产品的数量，负号表示投入，正号表示产出，对角线上元素是各产业的产品扣除自身消耗后的净产出，这样通过里昂惕夫矩阵把 X 与 Y 的关系揭示了出来，也就是将总产品与最终产品之间的相互关系表达了出来，提供了分析产业间各部门投入产出关系的分析工具。

4.3.1.2　全球—国内价值链的测度

全球价值链下，各地区基于自身的比较优势参与到全球生产网络中，国家、地区参与价值链的程度，或者国内价值链与全球价值链的依存程度是了解区域自主创新、经济发展状况的重要来源。哈默士（Hummels，1999）提出了以投入产出法为基准，引入生产非一体化指数（Vertical Disintegration Index）来衡量国内价值链嵌入全球价值链程度。具体过程如下。

假设国民经济中有 n 个产业部门，M_i 表示行业 i 进口的中间投入，Y_i 表示产业的产出，X_i 表示产业 i 的出口，Y_i 表示行业 i 的产出，则产业 i 出口额中所包含的进口中间投入量就代表了产业 i 生产非一体化的数量，即作 VD_i，公式如下：

$$VD_i = \left(\frac{M_i}{Y_i}\right)X_i = \left(\frac{X_i}{Y_i}\right)M_i \tag{4.32}$$

产业 i 出口额中包含的进口中间投入的比重，即产业 i 的生产非一体化比重，即作 vd_i，计算公式为：

$$vd_i = \frac{VD_i}{X_i} = \left(\frac{X_i}{Y_i}M_i\right)\bigg/ X_i = \frac{M_i}{Y_i} \qquad (4.33)$$

国民经济各产业部门出口中的进口中间投入比重,即全部产业整体的生产非一体化比重,记作 vd,其计算公式如下:

$$vd = \frac{\sum_{i=1}^{n} VD_i}{\sum_{i=1}^{n} X_i} = \frac{\sum_{i=1}^{n}[(VD_i/X_i)X_i]}{\sum_{i=1}^{n} X_i} = \sum_{i=1}^{n}\left[\frac{vdi}{X_i} \frac{X_i}{\sum_{i=1}^{n} X_i}\right] \qquad (4.34)$$

其中,$X = \sum_{i=1}^{n} X_i$,经济含义是国民经济总出口;$M_i = \sum_{j=1}^{n} M_{ji}$,$M_{ji}$ 代表产业 i 从其他国产业 j 进口的中间投入,将公式(4.32)代入公式(4.34)可整理得:

$$vd = \frac{1}{X} u A^M X^v = \frac{1}{X} u A^M [I - (A - A^M)]^{-1} X^v \qquad (4.35)$$

$$vd = \frac{1}{X} \sum_{i=1}^{n} \sum_{j=1}^{n} \frac{X_i}{Y_i} M_{ji} = \frac{1}{X} \sum_{i=1}^{n} \sum_{j=1}^{n} \left(\frac{M_{ji}}{Y_i} X_i\right) = \frac{1}{X} u A^M X^v \qquad (4.36)$$

其中,$u = (1, \cdots, 1)_{1 \times n}$ 为 1 行 n 列元素 1 的向量,$A^M = \begin{vmatrix} a_{11} & \cdots & a_{1n} \\ \cdots & \cdots & \cdots \\ a_{n1} & \cdots & a_{nn} \end{vmatrix}_{n \times n}$ 为国民经济各产业部门 $n \times n$ 维进口系数矩阵,$X^v = \begin{vmatrix} X_1 \\ \vdots \\ X_n \end{vmatrix}_{n \times 1}$ 代表 $n \times 1$ 维出口向量。

如果将完全消耗系数矩阵 $(I - A^D)^{-1}$ 和国内消耗系数矩阵 A^D,及 $A = A^M + A^D$ 代入公式(4.35)中,整理可得:

$$vd = \frac{1}{X} u A^M (I - A^D)^{-1} X^v \qquad (4.37)$$

其中，$(I-A^D)^{-1}$为列昂惕夫逆矩阵，表示各个产业进口的中间投入在最终出口品之前，在各个中间阶段投入产出的累积循环效应，反映的是国民经济各部门间的各种技术经济关系。

为了确定国民经济整个产业部门生产非一体化程度，需要计算出口系数矩阵 A^M，但是我国投入产出表中没有将进口的中间投入单独列出来，因此做出如下假设：第一，各产业部门使用产业 i 的中间投入产品中，进口投入品的比例在各个产业部门是相同的；第二，中间产品中进口与国内生产的比例等于最终产品中进口与国内生产的比例。

设产业最终产品出口和国内生产的数量分别为 C_i^m、C_i^d，I_i^m、I_i^d 为产业中间投入中进口和国内生产的数量。根据第二条假设可推出：

$$\frac{I_i^m}{I_i^d} = \frac{C_i^m}{C_i^d} = \frac{C_i^m + I_i^m}{C_i^d + I_i^d} \quad (4.38)$$

根据平新乔（2005）的研究，产业 i 提供的中间投入中进口所占比例等于产业 i 总进口与（总产值+进口−出口）之比。由公式（4.38）可推出进口投入比在各产业中的比重。

$$\lambda = \frac{I_i^m}{I_i^m + I_i^d} = \frac{I_i^m + C_i^m}{C_i^m + C_i^d + I_i^m + I_i^d} \quad (4.39)$$

利用投入产出表的直接消耗系数矩阵的每一行乘以 λ 就可得出进口系数矩阵：

$$A^M = \begin{bmatrix} \lambda C_{11} & \cdots & \lambda C_{1n} \\ \cdots & \cdots & \cdots \\ \lambda_n C_{n1} & \cdots & \lambda_n C_{nn} \end{bmatrix}_{n \times n} \quad (4.40)$$

将公式（4.39）代入公式（4.35）、公式（4.36）中就可以得到国民经济所有产业部门中生产非一体化的比重：

$$vd = \frac{1}{X} u A^M X^v = \frac{1}{X} u A^{M+1} [I - (A - A^{M+1})]^{-1} X^v \quad (4.41)$$

公式（4.41）中，X^v 可以通过投入产出表查出，X 可以通过 $X = \sum_{i=1}^{n} X_i$ 中算出，A 可以通过投入产出表查出。对生产非一体化指数的测度主要有以下几方面的经济含义：首先，它衡量了一国各行业参与全球生产非一体化的程度，计算了各行业中来自国外的各种投入，因此是国家与国外技术经济关系的重要表现形式；其次，以上测度模型中包含列昂惕夫逆矩阵，所以也反映了国外的中间投入在成为最终产品前在国内国民经济各部门间的技术经济联系。

4.3.1.3 全球—区域价值链的测度

张少军（2009）全球—国内价值链测度的基础上拓展了全球—区域价值链的计算方法，揭示了两种不同衡量角度间一脉相承的关系。对于某区域的投入产出表而言，在计算价值链时，除了本区域与国外的经济联系外，还增加了区域之间的各种技术经济关联，因此衡量某一区域与其他区域的联系时包括"进出口"和"区域间的调出调入"两部分，计算价值链时进出口比例就是 $\dfrac{进口 + 调入}{总产出 + 进口 + 调入 - 出口 - 调出}$，在此基础上将全球—国内价值链中的进口系数矩阵扩展为全球—区域价值链进口系数矩阵：

$$A^{M+1} = \begin{bmatrix} \lambda_2 C_{11} & \cdots & \lambda_2 C_{1n} \\ \cdots & \cdots & \cdots \\ \lambda_2 C_{n1} & \cdots & \lambda_2 C_{nn} \end{bmatrix}_{n \times n} \quad (4.42)$$

其中，λ_2 的计算公式如下：

$$\lambda_2 = \frac{进口}{进口 + 调入} \times \frac{进口 + 调入}{总产出 + 进口 + 调入 - 出口 - 调出} \quad (4.43)$$

全球—区域价值链的计算模型为：

$$vd = \frac{1}{X} u A^M X^v = \frac{1}{X} u A^{M+1} [I - (A - A^{M+1})]^{-1} X^v \quad (4.44)$$

4.3.2 基于单一价值链条升级路径与创新模式演进

价值链各环节自主知识产权和技术、资本密集度不同，各环节利润分配呈现出非均衡性特征，价值链两端具有研发设计或者市场营销能力，与产品高附加值、高收益性相关联，实现单一价值链升级就是要提高向价值链两端延伸的能力。

4.3.2.1 单一价值链条阶段性升级路径

哈默雷和舒米茨（2002）提出了产业价值链升级的四种形式：工艺流程升级、产品升级、功能升级和跨越价值链条升级（如图4-2所示，A1、A2、A3、A4代表不同的价值节点，A1—A4价值链等级属性依次提高，产品附加值逐步增加）。

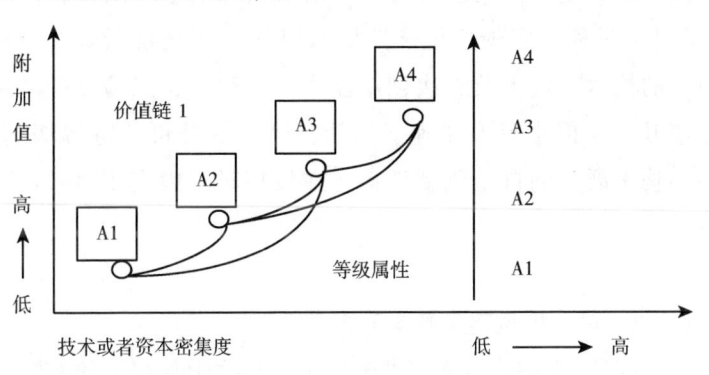

图4-2 单一价值链条升级路径

第一，依次升级路径。在图4-3中表现为A1—A2—A3—A4顺次的升级路径。长三角地区通过OEM方式低端嵌入价值链，为提高生产效率、产品性能或者稳定性，引进发达国家（跨国公司）的技术标准，通过工艺流程重组或者生产系统改进，在价值链内部生产环节进行工艺或流程升级（A1）；在跨国公司技术转移与渗透过程中提高对新技术或者技术标准的消化吸收能力，基于市场需求推出新产品或者改进原有产品，提高产品附加值，实现产品升级（A2）；全球价值链下核心价值环节是竞争力的重要来源，集中精力于核心价值链环节，放弃低价值链环节，将非核心环节剥离出去，或者增加新功能，实现价值链各增值环节的重新组合的功能升级（A3）；利用现有低端价值链中获得能力和资源实现向另一条价值链转移的升级方式即链条升级模式（A4）。依次升级路径，充分利用了长三角等发展中国家、地区的比较优势，通过简单的加工组装或者低技术含量的"三来一补"方式嵌入全球价值链，进入价值链条升级路径，有助于技术基础、市场基础薄弱的企业参与到全球生产网络中，沿着由低端向高端价值链攀升路径，不断提升长三角地区的竞争力及其在全球价值链中的地位。

第二，跳跃式升级路径。即使低端嵌入全球价值链，价值链原有的技术基础和市场营销网络不同，在价值链升级过程中并非依次经历四个阶段，而是呈现出跳跃性特征，沿着 A1 跨越到 A3 或者 A2 跨越到 A4 的升级过程，实现价值链跳跃式升级。实现跳跃式升级路径对企业原有的技术、资本及二次创新能力要求较高，风险性随着跳跃的级数迅速升高，但也具有快速、灵活，迅速提升价值链等级的优点，围绕核心技术展开的自主创新活动，在较短时间内实现对核心环节的技术突破。

4.3.2.2 单一价值链条基本升级路径

"微笑曲线"两端代表着两种能力：研发设计能力和市场营销能力。单一价值链条升级的基本路径就是不断向价值链条两端攀升的路径。依据技术能力和市场能力提出不同的价值链攀升路径，如图 4-3 所示。

图 4-3 中 A5 表示企业既没有核心技术，也没有具有竞争力的销售渠道，处于全球价值链分配的最低端，A7 表示企业既拥有自有知识产权核心技术，又拥有强大的销售网络，在全球价值链中处于最佳位置。长三角地区嵌入全球价值链基本位于 A5 的位置，理论上可以有三条价值链攀升路径。

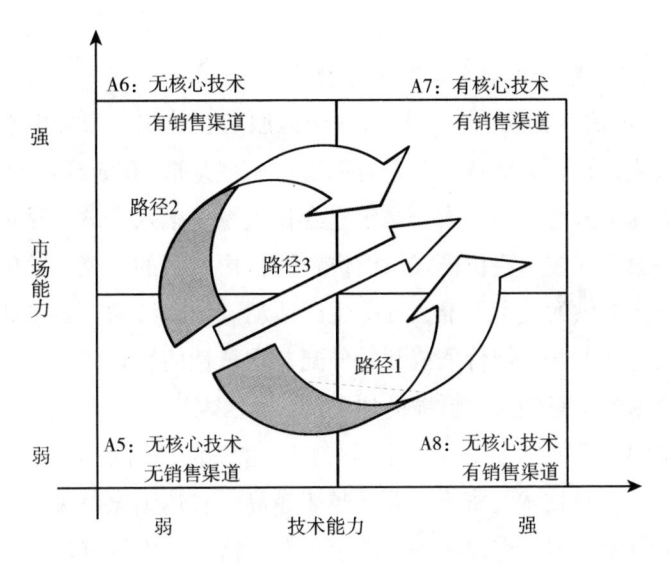

第4章 全球价值链下"技术引进"到"技术赶超"创新路径

图 4-3 单一价值链基本攀升路径

第一，先技术后市场的升级路径。即沿着 A5—A8—A7 的升级路径。长三角地区企业嵌入全球价值链后，按照"技术引进"到"技术赶超"的路径，在技术模仿基础上努力提高对跨国公司先进技术的消化、吸收能力，注重新技术研发，加大技术研发投入力度与强度，在研发设计环节形成自身的竞争优势，然后向价值链销售环节攀升，致力于销售网络建立和扩张，拥有自己的销售渠道。

第二，先市场后技术的升级路径。即沿着 A5—A6—A7 的升级路径。长三角地区购买者驱动型价值链的参与者，沿着微笑曲线向价值链销售环节攀升，致力于销售创新，形成有竞争力的销售渠道，积累了一定的创新资本转向核心技术环节的创新活动。

第三，市场、技术同时进行的升级路径。即同时向研发设计、销售环节攀升的价值链升级路径，在技术、销售环节都形成竞争优势。对长三角地区大部分企业而言这种升级路径比较困难。

4.3.2.3 单一价值链条升级与创新模式选择

"技术模仿"为切入点。长三角地区服装、纺织、家用电器等传统加工制造业，缺乏关键技术及自有品牌，一般采取 OEM 或者 OEA 的方式嵌入全球价值链，与跨国公司建立合作关系，融入全球营销网络，发展初期一般采取技术模仿模式，模仿跨国公司产品的性能、功能或者依据跨国公司提供的技术标准，进行生产活动。创新活动主要围绕工艺流程、过程升级展开。但价值链利益分配非均衡性的影响依然存在，代工生产、技术模仿只能赚取低廉的加工费，无法取得竞争优势。

自主创新是根本，市场需求是导向。在阶段性价值链升级过程中，从 A1 到 A4，对技术、资本的要求越来越高，发达国家对关键、核心技术的技术封锁与知识产权保护活动也越发严格，在价值链环节实现产品升级后，只有依靠自身力量，围绕某一技术开展自主创新活动，才能继续推动价值链向高端攀升。创新引起产品功能部分或者全部改进、升级，而创新结果需要通过市场需求来检验，即消费者支付意愿的完成，创新的动态过程则通过消费者支付意愿的动态变化表达出来。

日本等国创新强国国际经验表示：创新只有以市场需求为导向，才具有强大的生命力。从商品价值的实现过程来看，生产的首要目的是消费，企业生产的商品只有符合消费者的偏好、习惯及支付意愿才能实现产品的价值，扩展到宏观层面市场需求是决定任何商品的使用价值能否转化、得以实现的关键要素。旺盛的市场需求催生了新兴产业的形成，是降低研发风险，改进企业组织结构，通过工艺、生产过程、功能与生产管理组织制度等方式不断提高自身自主创新能力的动力。

4.3.3 跨越价值链条升级下自主创新路径

自主创新是跨越价值链条升级的创新路径。价值链条跨越式升级是实现价值链条由低级向高级跨越的过程，在全球—区域价值链并行建立过程中，实现全球价值链与区域价值链条的协调发展是推动区域价值链跨越式发展的关键。某区域价值链在低端环节融入全球价值链，沿着某一种价值链条升级路径进行拓展，或者提高价值链的研发设计能力，或者建立具有自主知识产权和品牌产品的销售渠道，在适当的时机（一般在完成功能升级后），实现价值链条的跨越式发展。

全球价值链条的升级是价值链上的企业通过创新活动、制度设计、产业链接方式实现的，价值链条升级是建立全新的、附加值更高的产业价值链和产品体系。相比较单一价值链条升级路径，跨越价值链条升级模式对自主创新能力有更高的要求。跨越价值链条升级主要依赖于突破性创新，它是产业突破常规升级轨迹、实现价值链跨越式发展的基础。正是以突破性的技术和新型产品作为基石，企业才能够完全摒弃原有价值链系统而专注于新的价值链条构建，建立起全球价值链的竞争优势。

总之，全球价值链下，各价值链环节利益分配非均衡性，实现技术进步模式由"技术引进"到"技术赶超"，推动价值链升级是摆脱对跨国公司、世界先进强国技术依赖，提高自身竞争力的基础。不论生产者驱动型价值链还是购买者驱动型价值链技术模仿是技术后发国家学习先进技术，参与全球价值链的基础，但是一味地"技术模仿"只会陷入发达国家的"技术陷阱"，无法实现对技术先进国的"技术赶超"，唯有自主创新才是摆脱跨国公司技术封锁的重要途径。基于全球—国内—区域价值链水平的测算方法，提出单一价值链条升级和跨越价值链条升级的价值链升级路径，基于不同的升级模式，选择不同的创新模式与路径。

第5章 产业生命周期下主导产业自主创新路径

5.1 产业生命周期各阶段产业发展特征及变量识别

5.1.1 产业生命周期各阶段发展特征

产业发展的生命周期描述的是产业从兴起到衰亡具有阶段性和共同规律性的厂商行为（特别是进入和退出行为）改变的过程，具体包括产业发展初期、成长期、成熟平稳期、衰退期四个阶段，各个阶段具有不同的发展轨迹和特征，区域自主创新战略的选择，离不开对产业生命周期各阶段特征及动态演进影响因素的厘析。

（1）产业发展初期发展特征。突破性创新使少量厂商进入，并推出新的产品或服务。新产品、新技术刚刚上市，技术不稳定，生产边际成本较高，竞争者数量较少，竞争不激烈。消费者对新产品、新服务知之甚少，尚未形成稳定的消费群体，消费的主体是少数"时髦"的消费者，虽然存在很大的市场需求和消费潜力，但是产品销售额不高，处于前期市场开拓阶段。产业中企业参与者主要致力于新用户、新市场的开辟，技术上存在很大的不确定性，在产品、市场、服务等策略上有很大的余地，对行业特点、行业竞争状况、用户特点等方面的信息掌握不多，企业进入壁垒较低。在初创阶段后期，随着行业生产技术的提高、生产成本的降低和市场需求的扩大，新行业逐步由高风险低收益的初创期转向高风险高收益的成长期。

（2）产业成长期发展特征。这是产业发展的青春期。新产品、新技术和服务逐渐被消费者接受，企业面对的是高速增长的市场需求，产品销售额迅速增长，市场规模和份额逐步扩大。围绕产品、技术稳定性提高和专业化生产的要求，企业进一步加大科技投入，产品性能和专业化生产水平逐渐提高。主导厂商通过制定行业标准、质量规范或者主导设计引导行业发展方向，其他竞争者和追随者追随其制定的行业发展规范，形成"主导设计"，从而引发一系列连续性创新活动，使创新过程更具有弹性，逐步改善生产效率。例如在汽车工业发展过程中福特T型车及计算机行业出现的IBM360型计算机，为行业发展提供了示范效应，其他技术追随者进行一系列过程创新，改进了产品性能，提高了行业技术稳定性，大规模生产成为可能，推动了工艺创新过程的加快，使生产工艺从极大地依赖熟练工人操作和通用设备转到依靠由非熟练工人操作的专用设备，从而显著地缩短了产品的生产时间，降低了对劳动力技能和经验的要求，产品成本大幅度地降低。

（3）产业成熟期发展特征。产业发展成熟期是产业发展的中年期。这时产业发展格局基本形成，市场需求增长率不高，并逐渐达到饱和状态，产品销售额达到最高，并保持相对稳定。市场竞争进入白热化阶段，尤其是主导设计的出现，产业步入淘汰过程，产业进入门槛高，中小企业很难进入，进入者数量处于零增长甚至负增长状态。制造工艺趋于稳定化、固定化、研发部门主要从事技术服务工作在原有技术基础上实现量的积累和提高，生产出标准化程度更高的产品，偶尔会出现少量部连续性创新，即在其他技术领域或者层面实施的创新活动。产业集中度随着进入壁垒升高达到最大值，市场优胜劣汰作用增强，优胜劣汰的选择过程让那些未能及时调整组织结构的企业退出市场或者被兼并。

(4) 产业衰退期发展特征。这一时期步入产业再生阶段时，销售额急剧下降，业务萎缩，市场占有率下降，企业面临被淘汰的危险。经历了突破性创新和数次渐进性创新，技术演进的潜力被耗尽，企业面对两种生存抉择：开始新一轮技术创新或者被迫退出历史舞台。那些具有强烈创新意识的企业利用内部或者外部机会，实现技术的非连续性创新，试图用全新的技术代替原有技术或者推出新产品，引发了新一轮技术、市场竞争。缺乏创新精神、无力进行原发性技术创新企业不会心甘情愿退出市场，而是与新产品、新服务的提供者进行着最后的抗争，直至退出历史舞台。产业生命周期各阶段主要特征，如表5-1所示。

表5-1　　　　　　　产业生命周期各阶段主要特征

产业周期	市场需求增长率	竞争者数量	进入、退出壁垒	技术变革
发展初期	较快	较少	较低	较大
成长期	高速增长	增多	提高	渐趋稳定
成熟期	不高	趋于稳定	极高	已经成熟
衰退期	下降	减少	较低	较少

5.1.2　产业生命周期各阶段识别变量

(1) 产品价格。产业发展初期，产品定价受到政策、经济环境和产业发展外部环境影响，没有固定的定价模式。产业逐步成长，技术垄断产生的高额垄断利润，驱使企业大量进入，产品供给大量增长，部分厂商通过制定高价格而获取垄断利润的空间逐渐缩小，产品价格迅速降低。进入产业成长、成熟期后，连续性技术进步活动和标准化、规模化生产的推广，产品的生产成本逐渐降低，产品价格降低，市场结构由接近完全竞争向垄断竞争转化，市场价格的竞争程度减弱，总体而言大企业、主导厂商掌握定价权。进入产业发展的衰退期，那些竞争力不强的中小企业逐渐退出历史舞台，市场结构逐渐向近似寡头垄断方向发展，寡头厂商之间通过协商方式定价，定价会明显高于市场出清价格，呈现出在产业发展衰退期市场价格略有抬升的状态。

（2）产业规模。产业规模是企业数量和市场需求的综合体现。产业发展业导入期，缺乏稳定的消费者群体，企业数量较少，尚未形成明显的规模。进入产业成长期，受高额利润的吸引，大量企业纷纷进入该产业，克莱伯（Kleppers，1990）对46个新产品市场调研后发现，在产业成长期企业进入数量最多，产业规模随着企业数量同比例扩大。这一时期除少数大型厂商掌握了先进技术，开始规模化生产，依靠规模经营获取超额利润外，大部分厂商获取平均利润，进入者越来越多，市场规模不断扩大市场竞争近乎完全竞争状态。主导厂商出现，并通过内部和外部兼并方式扩大规模，大企业对小企业的兼并成为一种普遍现象，中小企业进入门槛急剧升高，企业增长的数量逐步放缓直至为零，在产业成熟期到来之前，产业规模达到极致，产业生产技术达到顶峰。进入产业成熟期，竞争者数量趋于稳定，进入壁垒达到最大值，进入者数量开始下降。

（3）产品质量。从产业发展初期到产业衰退期阶段，产品质量一直在不断提高。在产业导入期，技术还不够稳定，围绕新技术不断进行渐进性创新；进入产业成长期，大批企业进入，针对现有技术不足，不断技术改造，主导厂商的出现，标准化、专业化规模生产，行业内部技术标准与规范逐渐成形，产品质量有大幅度提高。进入产业成熟期，技术创新的速度放缓，产品质量缓慢改进、提高，产品质量臻于成熟。进入产业衰退期，主导厂商针对产品差异性、多元化生产进行技术改进与创新，产品质量继续缓慢提高，并在新的技术层面寻求非连续性技术突破与创新。产业生命周期各阶段识别变量走势如图5-1所示。

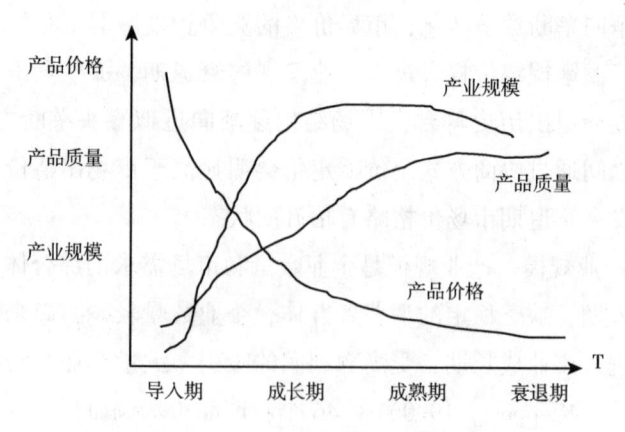

图 5-1　产业生命周期各阶段识别变量走势

5.2　区域主导产业选择

5.2.1　区域主导产业选择基本理论

(1) 国际分工和比较生产费用理论。该理论认为各国不同产业的生产费用存在着差别，各国都优先发展本国在生产费用上拥有比较优势的产业，在多个产业部门都拥有优势时会优先发展相对优势最大的产业，在多个产业部门都处于劣势时优先发展劣势最小的产业，遵循"扬长避短"的原则，这样各国通过国际交换获得基于比较优势的比较收益。

(2) 赫克歇尔和俄林的双因素理论。20 世纪 30 年代，赫克歇尔和俄林引入多因素的分析方法，利用要素禀赋结构和相对价格差异解释国际分工贸易的新古典贸易理论（H-O 模型），他们认为国际分工的原则是进口本国相对稀缺的生产要素，出口本国相对丰裕的生产要素，各国按照要素禀赋差异进行对外贸易，形成了国际贸易的分工格局。

（3）动态比较费用学说和后发性优势说。德国经济学家李斯特认为工业化落后的国家可以通过国家产业政策培育和保护，发展新兴的优势产业，形成新的比较优势，参与国际分工。第二次世界大战后日本学者提出了"后发性优势说"，提出通过直接吸收先进国家先进技术的成本比技术领先国技术开发成本低得多，只要在政府的扶植政策下达到了规模经济阶段，就有可能形成和发展新的优势产业，获得新的比较优势。

（4）产业生命周期理论。前文研究了产业生命周期各阶段的特征及其自主创新模式的选择，产业生命周期不同阶段的客观规律也是区域主导产业选择的重要影响因素，因此，在主导产业选择过程中，要选择具有旺盛发展前景与潜力的朝阳产业，而非处于衰退期的夕阳产业。

（5）产业关联理论。产业关联是产业间存在以各种投入关系为纽带的技术经济联系。产品劳务关系、生产技术关系、价格关系、劳动就业关系、投资关系等内容是产业间建立各种联系的媒体或者中介，通过对介质内容的分析研究可以看出产业间联系的方式，寻求特定行业间的依存与影响关系，为调整产业间合作的适配比例，优化产业结构提供理论依据，以实现产业健康、快速、良性互动。

5.2.2 区域主导产业选择的基准指标与方法

5.2.2.1 区域主导产业选择的基准指标

基于区域主导产业选择的基本理论，结合日本经济学家筱原三代平提出的"收入弹性基准""生产率上升基准"和发展经济学家赫希曼提出的"产业关联基准"及产业生命周期理论，将"需求收入弹性""技术进步率""产业关联度""产业规模""市场需求"作为区域主导产业选择的基准指标。

（1）需求收入弹性指标。学者筱原认为需求弹性较高的产品在产业结构中占有较大份额，同时需求收入弹性大也意味着产品具有广泛的市场空间，需求收入弹性指标也是反映产业结构变化的重要表征，是产业技术选择的重要影响因素。其计算公式为：

$$e_i = \frac{\Delta X_i / X_i}{\Delta NI / NI} \tag{5.1}$$

其中：e_i 为产业 i 的需求收入弹性，分子表示产业 i 的需求增长率，分母表示国民收入弹性增长率。若 $e_i > 1$，说明产业 i 的需求收入弹性大，市场前景广阔，反之则有相反的意思。

(2) 技术进步指标。全要素生产率是产出对全部投入的比率，是对全部要素投入的测量，是技术进步的外显性指标，以全要素生产率为基准选择重点产业，是优先发展先进技术产业的主要评判指标。首先，基于 C – D 生产函数的技术进步贡献率。技术进步贡献率是衡量技术进步对经济增长贡献份额的重要指标，也是衡量区域科技竞争实力和科学技术向现代生产力转化实力的综合性指标。根据 C – D 生产函数得出技术进步速率方程：$Y = A + \alpha \times K + \beta \times L$，其中：$Y$ 为产出的年均增长率速度，A 为技术年均增长速度，K 为资本的年均增长速度，L 为劳动的年均增长速度，α 为资本产出弹性，β 为劳动产出弹性，且 $\alpha + \beta = 1$，技术进步贡献率 $E = A/Y \times 100\%$，根据技术进步速率方程导出技术进步贡献率测算的一般公式：

$$E = 1 - \frac{\alpha \times K}{Y} - \frac{\beta \times L}{Y} \tag{5.2}$$

生产函数与投入产出相结合测度技术进步率。根据 C – D 生产函数的一般表达式 $Q = AK^\alpha L^\beta$ 得出劳动力和资本投入对社会总产值增长的贡献。其中：A 表示技术进步，K 表示资本投入，L 表示劳动力投入，α 表示资本的产出弹性，β 表示劳动力的产出弹性，Q 表示社会总产值。

价值型投入产出表的社会总产值等于各列生产资料转移价值与各列新创造价值之和，为了与生产函数建立相对应的关系，将新创造的价值分为劳动报酬和社会创造价值两部分。用公式表达出来是：$X = C + V +$

M，X 为社会总产值，与 Q 相同；C 为生产资料转移价值，与生产函数中的 K 相同；V 为劳动报酬；M 是社会创造的价值。

根据剩余价值率 $H = M/V$，资本有机构成 $P = K/V$ 及 $\delta = V/L$ 代入公式（5.2）并整理得出：

$$\frac{dQ}{Q} = \frac{K}{Q}\frac{dK}{K} + \frac{(1+H)\delta L}{Q}\frac{dL}{L} + \frac{(1+H)\delta L}{Q}\frac{d\delta}{\delta} + \frac{M}{Q}\frac{dH}{H} \tag{5.3}$$

推出：

$$\alpha = \frac{\partial Q}{\partial K}\frac{K}{Q} = \frac{K}{Q}; \beta = \frac{\partial Q}{\partial L}\frac{L}{Q} = \frac{(1+H)\delta L}{Q} \tag{5.4}$$

根据 $\alpha + \beta = 1$，将 α，β 的表达式代入 C – D 生产函数中，得到技术进步表达式为：

$$A = \frac{Q}{K^{\alpha}L^{\beta}} = \frac{Q}{K}\left(\frac{K}{L}\right)^{\left(1-\frac{K}{Q}\right)} \tag{5.5}$$

进而得出技术进步贡献率：

$$E = \frac{\frac{\Delta A}{A}}{\frac{\Delta Q}{Q}} \times 100\% \tag{5.6}$$

（3）产业关联度指标。产业关联度即产业间的关联效应。产业关联度较高的产业对其他产业会产生较强的前向、后向影响，选择产业关联度较高的产业作为主导产业，可以带动整个经济的发展。产业关联度指标通常由产业影响力系数和感应力系数来反映。

产业影响力系数：

$$e_j = \frac{n\sum_{i=1}^{n}C_{ij}}{\sum_{j=1}^{n}\sum_{i=1}^{n}C_{ij}}(i = 1,2,\cdots) \tag{5.7}$$

产业感应力系数：

$$e_i = \frac{n\sum_{j=1}^{n} C_{ij}}{\sum_{i=1}^{n}\sum_{j=1}^{n} C_{ij}}(i = 1,2,\cdots) \quad (5.8)$$

其中：C_{ij} 为里昂惕夫逆矩阵 $(I-A)^{-1}$ 中的元素。在里昂惕夫逆矩阵中，横行反映了中间需求受其他产业的影响程度，纵列反映了产业的中间投入对其他产业的影响程度。如果 $e_j > 1$ 说明该产业的影响力在全部产业中位居上游水平，该产业社会需求的扩大对社会各部门的推动作用大于各部门的平均水平，如果 $e_j = 1$ 说明该产业的影响力在全部产业中位居平均水平，如果 $e_j < 1$ 说明该产业的影响力在全部产业中位居下游水平。同样，$e_i > 1$ 时表明其他部门对该产业的影响程度超过平均水平。一般而言，将产业影响力系数和感应度系数都大于 1 的产业部门作为主导产业的选择对象。

（4）产业规模指标。主导产业的发展必须达到一定的规模，形成一定的规模经济才能发挥其带动作用，或者产业市场份额不是处于减退阶段，而是处于上升、稳定阶段。该指标是衡量某一产业在区域产业结构中的比重或者比较优势的重要来源，也是衡量产业在生命周期不同发展阶段的重要依据。比较简单的衡量方法是计算产业增加值在区域 GDP 中的比重，公式为：

$$G_n = Y_{mn}/Y_m \quad (5.9)$$

其中：G_n 为产业 n 的规模指标，Y_{mn} 为第 m 个地区第 n 个产业的增加值或者产值，Y_m 为 m 地区的总产值或者 GDP。当 $G_n > 1$ 时说明 m 地区产业 n 形成了一定的规模优势，数值越大，说明该产业的规模优势越明显，并呈现出专业化水平。

（5）市场需求指标。市场需求是确立市场总人口数中潜在的消费者数量的最大限，可以作为未来或者潜在需求量的基准指标。本书用主营业务收入作为衡量目前市场需求的评价指标，主营业务收入的相关数据可以在国家、区域统计年鉴中查询得到。

(6)全球—国内价值链指标。全球—国内价值链指标是在全球价值链和国内价值链并建过程中推动产业结构升级和价值链由低端向高端攀升的重要衡量指标。

5.2.2.2 区域主导产业选择的方法

区域主导产业选择过程中,目前运用的方法分为单基准法和多基准法两大类,主要有区位熵法、DEA法、钻石理论基准法、主成分分析法、因子分析法、层次分析法、模糊评价法、综合评价法等基本方法,在使用过程中各种方法各有利弊,并且在不断改进,但都离不开指标评价体系的建立和权重的赋值。以综合分析法为例,该方法的具体选择过程可分为:首先,区域主导产业选择指标的确立;其次,对指标进行无量纲化处理;再次,为各指标权重进行赋值;最后,计算各子指标序加权求和的数值,并对结果进行综合排序,选择若干个产业作为主导产业。在前文研究的基础上引入多指标综合评价方法为基本的研究方法,探讨区域主导产业选择的路径。

5.3 产业生命周期下主导产业创新路径

如同经济运行存在波浪式前行的一般规律,产业的发展也有其内在的生命周期。无论是当前发展较为充分的主导产业,还是刚刚处于萌芽状态的潜力型产业,运用产业生命周期的深层次规律,认清产业所处的发展阶段,均具有重要意义。

对处于成长期的主导产业要继续加大扶持力度,扩大其产业规模和经济拉动力;处于成熟期的主导产业要采取措施尽量延长这一时期,以发挥产业拉动的最大效能;对于处于衰退期边缘的主导产业,要将工作重点转向培育和发展接续产业,逐步推动产业转移。

5.3.1 产业发展初期主导产业创新路径

5.3.1.1 产业发展初期自主创新模式的博弈分析

为简便起见，假设产业发展初期只有一家影响力较强的企业（企业A），企业A的决策会影响技术跟随企业的创新决策，构造两阶段动态博弈模型。企业A选择自主研发和不选择自主研发两种决策，企业A选择自主研发时，技术跟随企业的技术基础与研发实力无法与企业A抗衡，因此，技术跟随企业选择合作创新、模仿创新；在主导企业不进行自主研发情况下，技术跟随企业选择自主研发创新及企业间的合作创新，不选择模仿创新是因为企业A尚未形成可供模仿的核心技术，在决策博弈树上反映出来（见图5-2）。

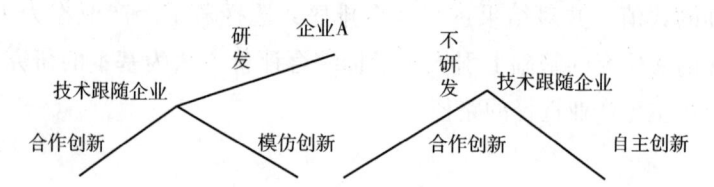

图5-2 产业发展初期主导企业与技术跟随企业创新决策博弈树

在决策博弈树的左边，企业A创新的预期收益为Q_1，企业A选择自主研发时，技术跟随企业合作创新或者模仿创新预期收益为Q_2，$Q_1 > Q_2$；企业A自主创新的投入为C_1，与技术跟随企业合作创新的成本为C_1^L，跟随企业间合作创新成本、技术跟随企业模仿创新的成本、与企业A合作创新的成本、自主创新的成本分别为：C_2、C_3、C_2^L、C_4，且$C_1 > C_1^L$，$C_4 > C_2 > C_2^L > C_3$；m表示企业A收益减少量，b表示购买企业A技术的费用，n表示企业A与技术跟随企业合作时分享的利益比例。我们需要解决以下问题，企业A选择自主创新条件下技术跟随企业的决策博弈，企业A不选择自主创新时技术跟随企业的创新博弈：

在企业 A 选择自主创新的博弈树下，假若 $Q_2 > C_3 - b > Q_2 - C_2$ 时，技术跟随企业将选择模仿创新模式，反之选择合作创新。假若最终的精炼子博弈纳什均衡为此局面，由于技术跟随企业模仿创新时的预期收益大于合作创新的预期收益，那么在 $b < C_2 - C_3$ 的条件下，这一子博弈的均衡策略必定是自主创新、模仿创新。

在企业 A 选择不研发的子博弈中，技术跟随企业选择合作创新模式的前提是 $(1-s)(Q_1 - C_2^L) > Q_1 - C_4$，否则技术跟随企业将会选择自主创新。在产业发展初期，技术跟随企业创新难度很高，不确定性概率高，因此大部分技术跟随企业会选择合作创新模式。

最终的两阶段动态博弈结果取决于企业 A 自主创新、技术跟随企业模仿创新、企业 A 不创新、技术跟随企业合作创新条件下，企业 A 的收益情况。如果存在 $Q_1 - C_1 + b - m > Q_1 - C_1^L$，精炼纳什均衡是自主创新、模仿创新；如果存在 $Q_1 - C_1 + b - m + C_1^L/Q_1 < s$，精炼纳什均衡是不研发、合作创新。因此，我们不难看出在产业发展初期，企业 A 在创新模式选择中占据着重要地位，当企业 A 具有较高的驾驭能力时，不研发、合作创新往往成为均衡决策；当企业 A 具有一定的驾驭能力时，自主创新、模仿创新更容易成为均衡策略。

综上所述，企业间技术创新模式的选择取决于具有影响力的企业与技术跟随企业间讨价还价的能力，当具有影响力的企业讨价还价能力比较高时，技术跟随企业往往采取不研发、合作创新策略；当技术跟随企业具有一定的讨价还价能力自主创新更容易成为创新模式的选择。

5.3.1.2 产业发展初期自主创新路径选择

主导产业内部分为具有一定影响力的企业和技术跟随企业。具有一定影响力的企业拥有较强的技术、物质资本，其创新模式直接影响其他企业的创新模式；技术跟随企业处于劣势，其创新模式的选择取决于与其他企业讨价还价能力，由此可见，具有一定影响力的企业创新模式是产业创新路径重要的影响因素。

假设企业 A 选择自主研发创新模式，技术跟随企业首先对模仿创新与合作创新预期收益进行计算，选择合作创新或者模仿创新，当技术跟随企业选择合作创新模式时，基于各自比较优势，瞄准某一市场目标形成创新联盟，在某个技术环节实现突破性创新，争取到部分主流客户，扩大市场份额，逐渐形成创新联盟的核心竞争力。选择模仿创新路径时，技术跟随企业集中精力于技术消化、吸收再创新能力的提高，将技术劣势转变为技术后发优势，与企业 A 进行竞争。

假设企业 A 选择不研发的创新模式，技术跟随企业往往采取合作创新模式，原因是自主创新投入高、风险大、开发周期长、成功率较低，技术跟随企业往往缺乏创新所需的技术和资金基础，合作创新成为主要的创新模式。

5.3.2 产业成长期主导产业创新路径

进入快速发展期，面对高速增长的市场需求，企业的经营风险不断降低，专业化生产要求越来越高，最主要的任务是保持快速增长的势头、扩大市场占有率，加速技术成果转化和市场化过程。与产业发展初期不同，这一时期企业间竞争的焦点在于生产工艺流程或者功能的改进，创新的速度与频率更高，并在企业追求快速创新与应用过程中表现出来。具体而言，在利润和市场份额的驱动下，在主导产业内部，出现了行业主导厂商，我们将主导产业内部创新主体分为主导企业和技术跟随企业两部分。不论是主导企业还是技术跟随企业都面临快速创新决策的压力，因为创新成果完成和发挥时间是企业在市场竞争中取胜的关键要素。进而做出以下假设：第一，在边际收益递减规律作用下，创新成果转化为实际产品的时间越长，在有限的产业生命周期内，从创新成果应用中获得市场收益的现值就越低。第二，创新成果具有明显的排他性，因此创新时机的选择成为决定企业效率的关键影响因素。创新成果市场化时间越长，技术跟随者选择技术模仿的可能性越大，通过自主创新实现技术突破的可能性越小。

主导企业与技术跟随企业两者相比存在以下关系：首先，尽管两者的创新能力存在一定的差距，但是企业坚信只要加大研发投入、都有机会获得丰厚的创新收益回报。其次，两者的创新能力存在差异，创新成本总量与边际成本呈现出不同的价值曲线，即高创新能力企业创新成本价值曲线偏低，低创新能力企业创新成本曲线偏高。因此，此阶段自主创新路径的选择取决于主导企业和技术跟随企业之间的相互作用，并且更多地表现为高创新能力企业对低创新能力企业的作用。最后，及时、快速是这阶段创新的关键词，面对共同的市场谁先占领市场，最先进行创新成果应用，谁就可以获得全部市场的高收益。主导企业拥有较强的技术、创新基础，选择自主创新模式在生产工艺或者功能改进等环节实现突破，更容易发展成为具有强大创新能力的企业。技术跟随企业技术基础相对薄弱，组成创新联盟的合作创新模式，更容易实现在某些技术环节的突破，取得整体竞争优势，因此，通过合作创新实现技术升级，提升技术水平与层次。

5.3.3 产业成熟期主导产业创新模式与路径选择

这一时期产业发展格局基本成型，市场进入理性发展阶段，进入壁垒很高，企业通过技术引进、技术突破两种模式作为创新主要模式，目的在于延长产业发展周期。企业间通过购买、合作创新或者自主创新方式实现技术改造。企业选择对原有技术进行改进，推行突破性创新，采取自主创新和合作创新两种模式；企业或者选择不进行突破性创新；企业对原有技术通过技术引进方式完成技术改造，对引进的新技术或者直接使用，或者对其进行消化吸收再创新，即在二次创新基础上实现技术改造。

假设企业购买新技术的收益和费用分别为 q_0 和 b，在引进新技术时，技术不确定性的风险为零，自主创新和合作创新、消化吸收再创新存在一定的技术风险及不确定性，因此涉及创新战略选择问题。假设自主创新、合作创新、消化吸收再创新成功的概率为 p_1，p_2，p_3；q_1，q_2，q_3 为创新收益；创新成本为 c_1，c_2，c_3，该阶段的决策博弈树如图 5-3 所示。

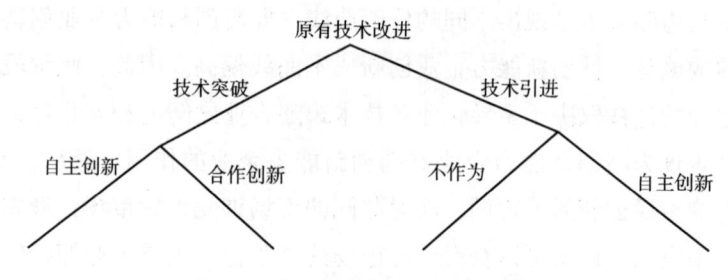

图 5-3 原有技术改进决策博弈树

第一，比较对原有技术引进前提下，技术不作为和消化吸收再创新模式的优劣。如果企业消化吸收再创新的收益大于不作为方式收益的前提下，存在：$p_3(q_3 - c_3 - b) + (1 - p_3)(q_0 - c_3 - b) \geqslant (q_0 - b)$，前提是技术引进时的创新收益大于0，即：$p_3(q_3 - c_3 - b) + (1 - p_3)(q_0 - c_3 - b) \geqslant 0$，得出 $p_3 \geqslant -(q_0 - c_3 - b)/(q_3 - q_0)$。显然，技术引进成功时的收益小于零时，上述前提条件就不存在。

第二，当企业选择技术突破时，比较企业自主创新与合作创新的优劣。如果自主创新的期望收益大于合作创新的期望收益，有：$p_1(q_1 - c_1) + (1 - p_1)(- c_1) \geqslant p_2(q_2 - c_2) + (1 - p_2)(- c_2)$，得出：$p_1 \geqslant (c_1 - c_2 + p_2 q_2)/q_1$；同时，必要条件为自主创新的留存收益大于零，即：$p_1(q_1 - c_1) + (1 - p_1)(- c_1) \geqslant 0$，可推出 $p_1 > c_1/q_1$；同时另外一个必要条件是合作创新的留存收益大于零，有以下公式：$p_2(q_2 - c_2) + (1 - p_2)(- c_2) \geqslant 0$，推出 $p_2 > c_2/q_2$。通常而言，自主创新的风险要大于合作创新的风险，通常风险与收益是成正比的，因此自主创新的留存收益要大于合作创新的留存收益，存在 $p_1 > p_2$。

第三，关于技术引进与技术突破路径的选择。如果此时技术创新具有提高产业竞争力的意义，那么产业成熟期的技术创新同样具有较强的战略性质，甚至在某种程度上与产业生命初期的技术创新相似，因此，在产业生命周期完结之前，其中有限的人力、物力和财力进行技术突破，提高产业附加值，提高现有产业的技术存量与收益存量，因此将技术突破作为优先的战略选择。否则，将选择技术引进维持现有技术水平和市场竞争力的竞争战略。

5.3.4 产业衰退期主导产业创新路径选择

根据克莱伯（1996）在 A-U 模型中所描述的，产业衰退期产业创新能力不足或者减弱，市场需求萎缩，主营业务收入衰减，产业净进入者数量为负，产业规模不断萎缩，对新产品、新技术研发缺乏外部动力，最终引起整体产业竞争力下降。同时该阶段也提供了产业更替的重要机遇，在产业衰退期进行的非渐进性技术创新有助于推动夕阳产业步入新一轮产业、技术竞争过程，重新获得竞争优势。我们将前一种情况定义为长期衰退期，将后一种情况定义为短期衰退期。如果主导产业处于产业衰退期，便面临着退出与否的战略决策。

假设产业衰退期只有两种类型企业，这两种企业只有退出和不退出该产业两种行动模式，那么在完全信息静态博弈下两类企业的得益矩阵表见表5-2、表5-3。之所以呈现这样的得益分配局面，是因为短期衰退期企业的亏损要小于长期衰退期的亏损量。因此，在短期衰退期两类企业都不退出的亏损量为-50，长期衰退期两类企业的亏损额为-100。假设一方退出，另一方不退出，在长期衰退期，由于退出方对资产清理的预期收益要大于两方同时退出的局面，假设退出方的收益为1，在短期衰退期，一方退出，另一方不退出，不退出一方的预期收益会更高，为100。

表5-2　　　　产业短期衰退期下企业退出博弈得益矩阵

		企业2	
	决策	退出	不退出
企业1	退出	0，0	1，100
	不退出	100，1	-50，-50

表5-3　　　　产业长期衰退期下企业退出博弈得益矩阵

		企业2	
	决策	退出	不退出
企业1	退出	0，0	1，-50
	不退出	-50，1	-100，-100

在完全信息静态博弈条件下，每种类型企业同时选择且只有一次机会，市场长期衰退期下显然主导产业内部企业的纳什均衡为｛退出，退出｝。在短期衰退期情况下，两类企业的战略选择是｛退出，不退出｝，｛不退出，退出｝，企业的决策很大程度上来自企业决策者对产业发展状况的判断。

（1）在短期衰退期企业创新战略的选择。企业在短期衰退期，市场需求萎缩，产品销售额下降，企业之间存在激烈的生存竞争。但是由于产业生命周期不同于产品生命周期，大多数企业经过产业衰退期的调整，随着新技术的开发，会重新走上新的发展轨道，走向繁荣，所以处于短期衰退期的大多数企业会选择不立即退出，而是千方百计提高自身的创新能力和业务水平。

处于短期衰退期的企业，对那些技术枯竭、市场饱和，并且几乎不存在技术上升空间的产品，逐步减少投入比例，采取维持性集成创新、维持性原始创新模式，加大基于主流客户关系的创新力度，形成更大的消费者让渡价值，稳定住主流客户群；另外，采取破坏性原始创新和破坏性二次创新模式，进行潜力产品的技术研发与创新，培育和发展战略型新兴产业。

首先,根据未来潜力型产业的确立基准,构建产业潜力综合评价指标体系,以层次分析法确立准则层和方案层权重,并采取多指标综合评价方法计算各产业潜力的综合得分,确立未来发展的潜力部门。其次,加大对潜力产业部门的研发投入、完善创新投资机制。未来的潜力产业部门处于技术进步和技术创新的萌芽期。尽管企业投资增长速度快,产品的附加值高,产品和技术的应用范围广,发展前景较好,对新技术的渴望与需求强烈,但是企业自主创新能力薄弱,缺乏核心技术和自主品牌,处于产业链低端。单纯依靠市场机制或者依靠企业采取传统的投资方式,是无法突破技术创新的各种"瓶颈"制约的,只有创新投资机制,形成新型的风险投资机制,才能完成潜力产业部门由弱到强的飞跃。最后,围绕潜力产业部门核心技术,企业之间基于原有的技术基础选择自主研发或者合作研发的创新模式,争取在潜力产业部门取得自有知识产权和品牌和核心竞争力,只有取得自有知识产权与核心竞争力才能在新一轮产业竞争中取得竞争优势。我国华为集团通过与西门子移动公司、英飞凌(Infineon)、德州仪器(Texas Instruments)、摩托罗拉(Motorola)、微软(Microsoft)、英特尔(Intel)、太阳微电脑(SunMicrosystems)、3Com、NEC、松下、朗讯(Lucent)、IBM等公司开展多方面的合作创新与市场开发活动,提高了自身的技术层次和在新一轮产业竞争中的实力,在第二次移动通信产业到第三次移动通信产业过渡过程中实现了在产业衰退阶段业务领域和内容的完美转变。

(2) 长期衰退期企业在创新战略选择。处于长期衰退期的企业,面临的是巨大的市场生存压力,很少进行相关创新活动,而是顺应产业发展的潮流,采取转向、退出的战略。根据前文所述,处于产业长期衰退期的企业会选择双双退出战略决策,但是企业不会心甘情愿的退出,而是在有限利润争夺过程中展开激烈的竞争,最终退出历史舞台。

第6章 实证分析——全球价值链下江苏省自主创新路径研究

6.1 基于创新联盟的自主创新能力评价及对比分析

基于资源有限性及全球价值链下在战略环节取得竞争优势的驱动力，建立知识—新技术—新知识良性循环的创新网络，是创新能力的重要组成部分。21世纪初，世界银行组织提出创新联盟的创新效率在区域自主创新能力和区域竞争力中的重要作用，并围绕创新联盟构建、合作方式、效率提高与改进方面进行了广泛深入研究。创新联盟决定了创新活动的方式、方向，并对创新效果产生重要影响，在区域创新能力和竞争力的占有份额，创新联盟是区域自主创新能力发展的重要组成部分。因此，本章以江苏省创新联盟绩效为对象分析区域自主创新能力状况。

6.1.1 江苏省是长三角自主创新能力的重要影响因子

江苏省地处长江三角洲，自然条件优越，拥有良好的创新自然资源禀赋和知名高校、科研院所等知识支撑部门和发达的制造业、高新技术产业。近年来，电气机械及制造业、专业设备制造业，尤其是与信息技术产业相关的通信设备制造业、电子制造业迅速发展，超越传统制造业成为制造业的重要组成部分。高新技术产业迅猛发展，江苏省2010年高新技术产业总产值为3万亿元，电子及通信等信息技术产业发展迅速，生物工程、制药等化学工业产业规模不断扩大，成为带动经济快速增长和调整产业结构转变发展方式的重要力量。

2006年我国提出"建设创新型国家"战略目标，江苏省政府提出"建设创新型省份"的战略规划，以科技创新带动经济发展，加大了对重点应用领域关键技术投入及财政支持，"十一五"以来，全省科技进步对经济增长贡献率年均提高1.5个百分点，2010年达到54%，创新投入总量及创新产出能力不断增强，是我国创新能力较强的省份之一。2011年中国社科院发布的中国自主创新能力指数排名显示2010年江苏是我国区域自主创新能力最强的省份，区域内部形成了以企业为主体、高校、科研院所、政府为支撑的创新主体，形成了产—学—研—用相结合的创新组织形式，显示了强劲的区域发展后劲。但是与世界创新强国相比，长三角地区研发投入强度、研发投入产出等方面存在一定的差距，江苏省作为长三角地区的重要组成部分，其创新能力的提高对长三角整体创新能力的提高具有积极的推动作用。

6.1.2 基于社会网络分析法的创新联盟绩效评价

6.1.2.1 江苏省创新联盟的组成

余博（2008）提出经济全球化和技术进步的加速，产品更新换代速度加快，生命周期缩短，创新风险日益增大，基于创新资源有限基础而形成的区域自主创新联盟是整合区域内部创新资源，在共性技术领域开展合作创新，加速创新过程，推进新技术产业化的重要组织基础。新技术、新知识的产生及传播离不开不同类型创新主体间的交流与合作，没有任何一个企业拥有创新所需的全部技术及资源，因此合作成为企业生存与发展的主流。

在全球生产网络中，跨国公司凭借其强大的技术基础和营销网络，在国际竞争中取得竞争优势。作为技术后发国家，以OEM或者ODM方式嵌入全球价值链，技术、资本基础薄弱，无法与跨国公司抗衡，因此按照优势互补，共享价值链优势环节的契约式创新联盟是推动以企业为主导，包含政府、高校、科研院所等创新主体进行合作创新的有效组织形式。为有效利用、整合区域资源，在更大、更广范围内取得竞争优势，最大限度地整合区域内部的创新资源，江苏省形成了以企业为主体，包括高校、科研院所、政府在内的创新联盟。

6.1.2.2 评价方法——社会网络分析法

社会网络分析法由英国著名人类学家布朗（Brown）于20世纪30年代，在研究文化对于社会部门深层次影响中首次提出的，后来将其应用于社会部落、群族等关系研究。自20世纪60年代末起，社会网络分析方法及理论研究逐渐深入，应用领域逐步拓展，20世纪末21世纪初被引用到社会科学领域，在分析HIV在人群中扩散传播路径方面应用广泛。索耶（Sawyer，2005）将整个社会看作是复杂网络的集合体，继续推动该理论的发展。佩特拉（Petra，2010）从实证分析角度，借助计算机技术对创新联盟内部主体间相互作用、作用方式进行了分析，从定量分析角度将自主创新主体之间的合作形式表达了出来，是衡量创新联盟内部创新主体间合作效率的重要来源。本书引入该方法对江苏省内创新主体的作用形式及效果进行分析，可以客观、有效反映出创新联盟组织形式效果。涉及的主要评价指标有以下几点。

（1）度数核心性（Degree Centrality），它表示与某一节点相关的所有关系总和，包括点入度（In-Degree）和点出度（Out-Degree）。位于社会网络中心的参与者是与其他参与者进行信息、技术交流的中转站，通常与其他节点有较多关联（Ties）或者处于"守门员"位置。用数学公式来表达度数核心性为：$C_D(n_i) = d(n_i)/g - 1$，$C_D(n_i)$ 即是节点 n_i 在节点总数为 g 的社会网络中度数核心性，此指标可以表达出创新主体在创新联盟中的影响力。

（2）邻近核心性（Closeness Centrality），它是基于以下假设，在社会网络中如果两个节点的距离比较近，便会取得信息交流的高效率，因此对节点间距离远近的衡量是邻近核心性指标的基本原则。概括而言，邻近核心性就是对互补相关节点间的连接度进行衡量，找到节点间相互连接的最短距离。$\sum_{i=1}^{g} d(n_i, n_j)$，$i \neq j$，$d(n_i, n_j)$ 为 n_i、n_j 在节点数为 g 的创新网络间的最短距离，用公式表达为：$C_c(n_i) = \dfrac{g-1}{\sum_{j=1}^{g} d(n_i, n_j)}$（$g$ 为社会网络中节点数的总和）。该指标主要用来反映创新主体间进出难易程度及其对合作效率的影响。

（3）中介核心性（Betweenness Centrality），它用来表达顶角在社会网络信息流通中的作用，主要在于找出存在于最短路径中的顶点位置。尤其是那些起到桥梁、中介作用的顶点在创新网络中具有极其重要的作用。可以通过以下公式将其关系表达出来：$C_B(V) = \sum_{s \neq v \neq t \in V} \delta_{st}(V)/\delta_{st}$（$\delta_{st}$ 为 s 到 t 间的最短路径，$\delta_{st}(V)$ 为经过定点 V 的最短路径），该指标主要在于寻找创新联盟中的"关键协调者"。

6.1.2.3 江苏省创新联盟绩效评价

（1）数据来源。数据取自近期江苏省科技厅和财政厅联合发布的《江苏省科技项目》，选择这一数据基于以下考虑：这些项目是政府部门资助的科技项目，能够反映出区域创新方向，具有良好的政策导向作用，另外，数据来源可靠真实，较之长三角整个区域数据收集而言，简单、可行。同时，以项目为依托，以不同类型参与者及相互作用方式为分析对象，可以定量、客观的反映江苏省企业—高校—科研院所—政府所形成的产学研相结合创新联盟的合作效果。

关于数据整理，基本思路是以科研项目为中心，搭建分析平台，将"项目名称"及"项目参与者"绘制在两张表格中，并标识不同的序号。以"科研项目"为载体，将与某一项目相关的所有参与主体序号写在一张表中，列出与某一科研项目相关的所有参与者，这样便通过"科研项目"将不同创新主体联系在一起。具体如下：每一个科技项目本身称为一个子项目，假设子项目 A，存在高校（X_i）、科研院所（Y_i）和企业

(Z_i)三类创新主体,他们共同合作完成某个科研项目,彼此间形成了某种关联(Links),假设企业 Z_i 竞标成功,获得省科研项目一项,Z_i 与这一科研项目建立起了联系,企业借助自身社会网络及合作伙伴的社会关系,向某高校及科研院所寻求知识支撑,探求合作意向,Z_i 与 X_i、Y_i 间建立了联系,如图6-1箭头所示,这一过程中,X_i 与 Y_i 就某一科研项目进行协商或者探讨,两者间也会建立某种合作关系,这样便将创新联盟主体所进行的创新活动,以科研项目为主体表达了出来(见图6-1)。

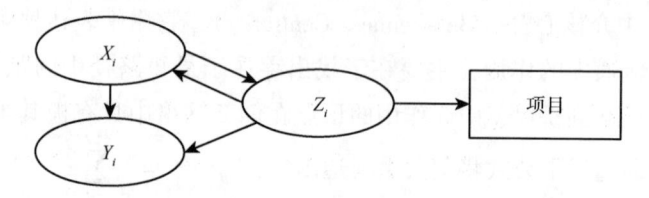

图6-1 江苏省创新联盟创新合作形式

(2)技术支撑。Gephi0.7beta 软件,它是开源免费跨平台基于 JVM 的复杂网络分析软件,主要用于各种网络和复杂系统,动态和分层图的交互可视化与探测开源工具。在社会网络分析、生物网络分析等领域有广泛应用。利用此软件可以将节点(Nodes)与关联(Edges)之间关系用网络的形式表达出来,还可以将节点类型,在社会网络中的重要形以大小、关系数量的多少以不同的标识显示出来,是定量分析社会网络结构的有效工具。

(3)结果显示。将数据导入 Gephi 软件中,利用调色板将创新主体类型以不同形状显示出来,本书中圆形代表高校,方形代表研究机构及科研院所,三角形代表公司,菱形代表政府机构,分析各创新主体邻近核心性(Closeness Centrality)、中介核心性(Betweenness Centrality)等指标,对创新主体重要性及主体间关系的紧密度进行分析。中介核心性(Betweenness Centrality)是指为那些不直接联系的主体承担中间人的角色,从图6-2可以看出,只有两个主体在整个项目中起着关键的承导作用,其他创新主体的战略地位不显著。

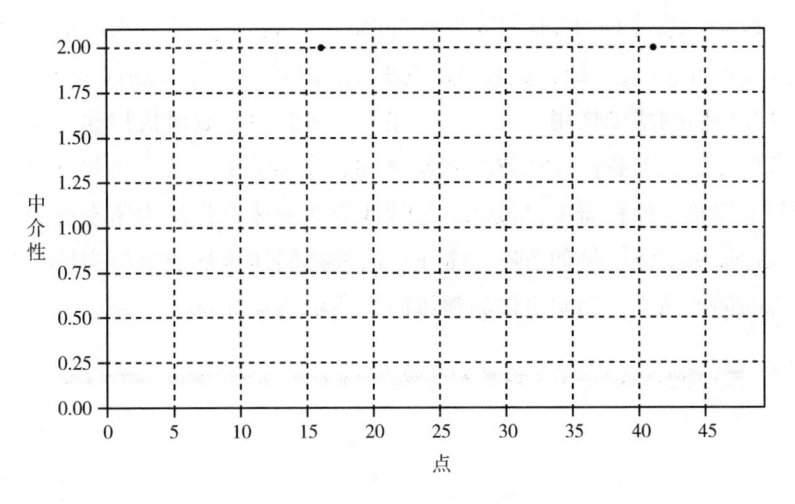

第6章 实证分析——全球价值链下江苏省自主创新路径研究

图 6-2 中介核心性

邻近核心性（Closeness Centrality）最直观的理解就是主体的影响力及创新主体的行动通过直接或者间接方式接触到创新网络其他人的难易程度，邻近核心性越高，与网络中其他创新主体的交流就便利。如图6-3所示，仅有少数节点具有较强的影响力，信息传递的成本较低，大部分节点处于的行动或者观点对其他创新主体的影响较小。

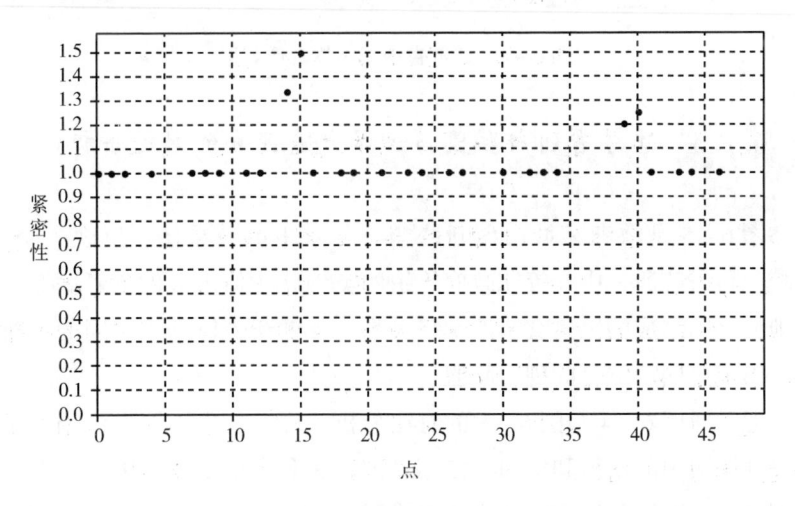

图 6-3 邻近核心性

最后，通过 Gephi 软件输出科技创新项目创新主体合作的最终效果图（见图 6-4），可以看出，面积最大的圆点（1 号节点代表某高校）在整个创新网络中作用显著，与企业、科研院所、政府机构建立了良好的合作关系，与我们获取的原始数据对比分析结果一致，与其当年作为创新主体参与的科研项目最多，与其他创新主体合作较为紧密有关。但是其他创新主体，例如政府、企业、高校之间还未形成纵横交错，紧密结合的创新网络，创新主体间整体协作关系还有待加强。

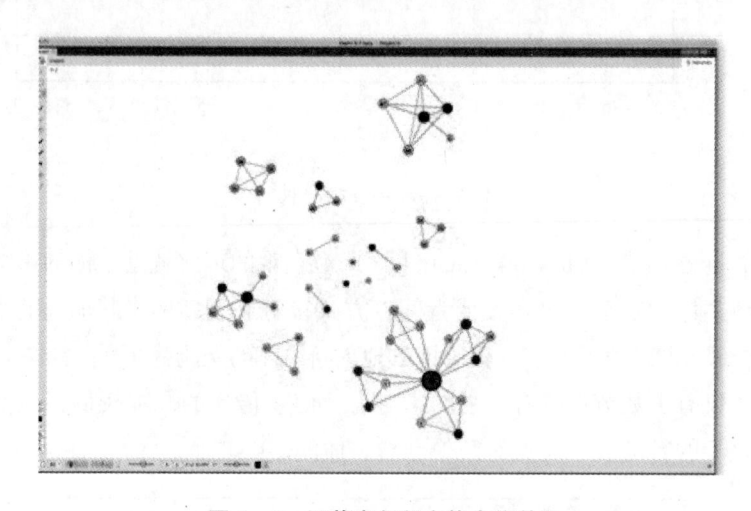

图 6-4 江苏省创新主体合作效果

6.1.3 江苏省创新联盟与世界先进区域的对比分析

图 6-5 是欧洲某城市创新联盟合作水平的效果图，反映了企业、高校、科研院所、中介等非政府组织四类创新主体形成的创新联盟，以及他们之间结成的纵横交错的网络关系。各创新主体基于不同的创新目标，形成协同、配合的创新联盟。

通过对图 6-4 与图 6-5 的对比分析，可以看出不同类型创新主体在创新联盟中的地位和作用。江苏省创新联盟合作效果图中的节点呈离散型分布，欧洲某城市创新主体形成了网络状关系，建立了良好的合作关系。单一节点在创新网络中的影响力较低,各个节点的作用及影响力较为平均,节点间建立了良好的合作关系,形成了具有一定影响力的创新集群。与之相比,江苏省创新联盟的结构虽存在具有一定影响力的创新主体,但是各主体分布较为稀疏,主体间合作仅局限于较小范围内部的交流,距离完备的区域创新网络的建立还有一定差距。当然,两个样本节点数量上存在一定差距,江苏省创新联盟研究样本的数量(48)小于欧洲某城市创新网络研究样本数量(77),剔除这一影响,创新主体间合作的效率及主体间合作、交流的密集度还是存在一定差距,也是创新水平落后于世界创新较强地区的重要原因。

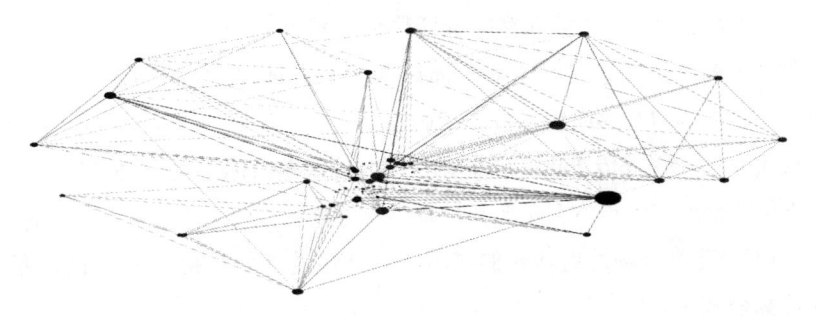

图6-5 欧洲某城市合作创新效果

6.2 江苏省主导产业选择与价值链升级路径

6.2.1 江苏省主导产业指标评价体系及评价方法

6.2.1.1 指标评价体系的遴选原则

(1) 历史性原则。江苏省主导产业评价指标体系基于前人的研究基础,结合江苏省产业发展的现状建立的。在确立指标评价体系过程中,可以随着根据实际情况,增加或者减少某类评价指标,以求评价指标客观、真实地反映出江苏省产业发展状况。

(2) 经济性原则。主导产业选择过程,离不开对相关数据的搜寻与整理，在数据收集特别困难的情况下，采取替代性指标或者放弃某类评价指标的做法，例如，反映技术进步的全要素生产率指标，涉及江苏省42部门资本存量计算，省域相关数据收集存在很大困难，42部门资本存量数据无法在相关文献、统计年鉴中找到，因此，在江苏省主导产业选择过程中略去了全要素生产率指标。

（3）典型性原则。主导产业评价指标的确立，不追求过多、过繁，而是能够恰到好处地产业发展现状反映出来，能将主导产业与其他产业区别开来。

6.2.1.2 主导产业选择指标评价体系的确立

基于前文，江苏省主导产业选择指标评价体系为：需求收入弹性指标、产业影响力和感应力系数、产业规模指标、市场需求指标（工业企业主营业务收入）等传统指标和全球—国内价值链指标。无法取得江苏省全要素生产率所需的资本存量历年数据，此处略去全要素生产率评价指标。

（1）反映市场发展前景的需求收入弹性的评价指标。需求收入弹性的计算公式为：

$$e_i = \frac{\Delta X_i / X_i}{\Delta NI / NI} \quad (6.1)$$

其中：e_i 为产业 i 的需求收入弹性，$\Delta X_i / X$ 为产业 i 的增长率，$\Delta NI / NI$ 为江苏省地区生产总值的增长率。本书选取2008～2011年《江苏统计年鉴》40个产业部门，计算各产业的需求收入弹性，并对其进行排序（见表6-1）。

表6-1　　江苏省40部门2008～2010年需求收入弹性

产业部门	2008～2009年	2009～2010年	2008～2010年平均值
农林牧渔	0.2682	0.2695	0.2686
煤炭开采和洗选业	-0.1541	0.8877	0.3668

第6章 实证分析——全球价值链下江苏省自主创新路径研究

续表

产业部门	2008~2009年	2009~2010年	2008~2010年平均值
石油和天然气开采业	-3.9514	1.9871	-0.9822
金属矿采选业	-0.6430	-0.1182	-0.3806
非金属矿及其他矿采选业	-0.0009	0.0022	0.0007
食品制造及烟草加工业	0.7775	1.0267	0.9021
纺织业	0.0468	1.0653	0.5561
纺织服装鞋帽皮革羽绒及其制品业	0.8198	0.5115	0.6656
木材加工用家具制造业	0.9172	1.4608	1.1890
造纸印刷及文教体育用品制造业	0.2869	0.9027	0.5948
石油加工、炼焦及核燃料加工业	-0.1986	2.2135	1.0074
化学工业	0.6894	1.3943	1.0419
非金属矿物制品业	1.0044	1.5085	1.2564
金属冶炼及压延加工业	-0.0308	0.8310	0.4001
金属制品业	0.7107	0.8672	0.7890
通用、专用设备制造业	0.6949	1.6039	1.1494
交通运输设备制造业	3.0830	1.5764	2.3297
电气机械及器材制造业	1.1887	2.0166	1.6027
通信设备、计算机及其他电子设备制造业	0.4761	1.1703	0.8232
仪器仪表及文化、办公用机械制造业	1.1758	1.6298	1.4028
工艺品及其他制造业	2.8058	1.2068	2.0063
废品废料	1.1693	2.5091	1.8392
电力、热力的生产和供应业	0.9125	0.8206	0.8665
燃气生产和供应业	1.8523	0.6572	1.2548
水的生产和供应业	0.0966	1.0460	0.5713
建筑业	2.9927	0.7953	1.8940
交通运输、仓储业、邮政业	0.8202	1.5008	1.1605
信息传输、计算机服务和软件业	-0.1808	0.7479	0.2836

续表

产业部门	2008~2009年	2009~2010年	2008~2010年平均值
批发和零售业	1.6665	1.3911	1.5288
住宿和餐饮业	2.0119	-0.5456	0.7332
金融业	3.1540	2.3101	2.7321
房地产业	4.0735	1.6910	2.8823
租赁和商务服务业	0.9152	5.2542	3.0847
研究与试验发展	1.2308	0.9196	1.0752
水利、环境和公共设施管理业	1.3449	3.8842	2.6146
居民服务和其他服务业	0.5604	4.3204	2.4404
教育	1.9720	0.8810	1.4265
卫生、社会保障和社会福利业	1.0123	0.3778	0.6951
文化、体育和娱乐业	1.4927	4.1896	2.8412
公共管理和社会组织	0.0260	0.9628	0.4944

（2）反映产业关联及波及效应的产业影响力和感应力评价指标。产业影响力与感应力系数公式如前文所述。根据《2007年江苏省投入产出表》（42部门），计算江苏省42部门的产业影响力和感应力系数，计算结果如表6-2所示。

表6-2　　2007年江苏省42部门产业影响力和感应力系数

产业部门	影响力系数	感应力系数	影响力与感应力系数的平均值
农、林、牧、渔业	0.7343	1.6365	1.1854
煤炭开采和洗选业	0.9258	0.9791	0.9524
石油和天然气开采业	0.9643	1.7744	1.3693
金属矿采选业	1.0823	0.8962	0.9892
非金属矿及其他矿采选业	1.1403	0.5286	0.8345
食品制造及烟草加工业	0.9707	1.1970	1.0838

续表

产业部门	影响力系数	感应力系数	影响力与感应力系数的平均值
纺织业	1.1845	1.1759	1.1802
纺织服装鞋帽皮革羽绒及其制品业	1.2235	0.5938	0.9087
木材加工用家具制造业	1.2222	0.7520	0.9871
造纸印刷及文教体育用品制造业	1.1168	1.0035	1.0601
石油加工、炼焦及核燃料加工业	1.1811	1.6111	1.3961
化学工业	1.2138	3.3848	2.2993
非金属矿物制品业	1.1666	0.8800	1.0233
金属冶炼及压延加工业	1.2830	3.6748	2.4789
金属制品业	1.3432	1.0181	1.1806
通用、专用设备制造业	1.2895	1.6226	1.4560
交通运输设备制造业	1.2405	1.0786	1.1595
电气机械及器材制造业	1.2851	1.1427	1.2139
通信设备、计算机及其他电子设备制造业	1.3049	1.7005	1.5027
仪器仪表及文化、办公用机械制造业	1.2872	0.6785	0.9828
工艺品及其他制造业	1.1699	0.4869	0.8284
废品废料	0.4083	0.6380	0.5232
电力、热力的生产和供应业	1.1504	2.1306	1.6405
燃气生产和供应业	1.1011	0.4159	0.7585
水的生产和供应业	0.9037	0.3859	0.6448
建筑业	1.1809	0.4289	0.8049
交通运输、仓储业	0.8936	1.4276	1.1606
邮政业	0.8488	0.3891	0.6189
信息传输、计算机服务和软件业	0.8270	0.5826	0.7048
批发和零售业	0.5671	1.0659	0.8165
住宿和餐饮业	0.9053	0.7603	0.8328
金融业	0.5825	1.1234	0.8529
房地产业	0.5373	0.5303	0.5338

续表

产业部门	影响力系数	感应力系数	影响力与感应力系数的平均值
租赁和商务服务业	1.0770	0.7476	0.9123
研究与试验发展	0.8572	0.4144	0.6358
综合技术服务业	1.0038	0.5344	0.7691
水利、环境和公共设施管理业	0.8262	0.4146	0.6204
居民服务和其他服务业	0.8737	0.5836	0.7287
教育	0.6504	0.4012	0.5258
卫生、社会保障和社会福利业	0.9676	0.4070	0.6873
文化、体育和娱乐业	0.8057	0.4454	0.6255
公共管理和社会组织	0.7031	0.3578	0.5305

(3) 反映市场占有率的产业规模。产业规模指标即产业 i 占所在区域 GDP 的比重，本书选取 2009~2011 年《江苏统计年鉴》为数据来源（见表 6-3）。在具体操作过程中由于 2009~2011 年《江苏统计年鉴》和《2007 年江苏省投入产出表》中 42 部门划分法中某些部门数据缺失或者重合，将交通运输、仓储与邮政业进行合并，将研究试验与发展和综合技术服务部门的数据以科学研究、科技服务和地质勘查业数据代替（见表 6-3）。从表 6-3 可以看出，各产业在三年内产业规模的排序没有显著变化，各产业呈现出稳步发展的状态。

表 6-3　　　　江苏省 40 部门产业 2008~2010 年产业规模

产业部门	2008 年	2009 年	2010 年
农、林、牧、渔业	0.0678	0.0656	0.0613
煤炭开采和洗选业	0.0078	0.0069	0.0068
石油和天然气开采业	0.0028	0.0014	0.0016
金属矿采选业	0.0024	0.0020	0.0016
非金属矿及其他矿采选业	0.0046	0.0036	0.0038
食品制造及烟草加工业	0.0186	0.0182	0.0183

续表

产业部门	2008 年	2009 年	2010 年
纺织业	0.1575	0.1424	0.1439
纺织服装鞋帽皮革羽绒及其制品业	0.0829	0.0814	0.0747
木材加工用家具制造业	0.0292	0.0290	0.0312
造纸印刷及文教体育用品制造业	0.0510	0.0473	0.0466
石油加工、炼焦及核燃料加工业	0.0341	0.0300	0.0361
化学工业	0.3383	0.3277	0.3495
非金属矿物制品业	0.0581	0.0581	0.0630
金属冶炼及压延加工业	0.2779	0.2490	0.2420
金属制品业	0.0878	0.0853	0.0834
通用、专用设备制造业	0.2149	0.2083	0.2294
交通运输设备制造业	0.1168	0.1413	0.1558
电气机械及器材制造业	0.1861	0.1896	0.2112
通信设备、计算机及其他电子设备制造业	0.3204	0.3035	0.3122
仪器仪表及文化、办公用机械制造业	0.0370	0.0376	0.0416
工艺品及其他制造业	0.0078	0.0093	0.0096
废品废料	0.0042	0.0043	0.0054
电力、热力的生产和供应业	0.0797	0.0790	0.0766
燃气生产和供应业	0.0045	0.0049	0.0046
水的生产和供应业	0.0023	0.0021	0.0021
建筑业	0.2512	0.2725	0.2772
交通运输、仓储业和邮政业	0.0435	0.0413	0.0427
信息传输、计算机服务和软件业	0.0164	0.0153	0.0146
批发和零售业	0.1005	0.1039	0.1074
住宿和餐饮业	0.0189	0.0197	0.0172
金融业	0.0419	0.0463	0.0508
房地产业	0.0525	0.0588	0.0628
租赁和商务服务业	0.0163	0.0161	0.0210
科学研究、科技服务和地质勘查	0.0088	0.0090	0.0088
水利、环境和公共设施管理业	0.0043	0.0045	0.0052

续表

产业部门	2008年	2009年	2010年
居民服务和其他服务业	0.0089	0.0085	0.0108
教育	0.0239	0.0252	0.0247
卫生、社会保障和社会福利业	0.0121	0.0121	0.0121
文化、体育和娱乐业	0.0042	0.0044	0.0053
公共管理和社会组织	0.0317	0.0305	0.0302

(4) 反映市场需求的主营业务收入。主营业务收入反映了当期的市场需求与市场潜力，是衡量企业目前经营状况的重要指标，也是企业了解、预测未来市场需求，分析所处的生命周期阶段，做出正确经营决策的重要来源。本书以2010～2011年《江苏统计年鉴》为数据来源，对规模以上工业企业的主营业务收入增长率取平均值（见表6-4）。从表6-4可以看出，交通运输设备制造业、工艺品和其他制造业、医药制造业居涨幅前三位，反映了江苏省未来大力发展外向型经济、制造业产业结构由轻型向重型转移，发展高新技术产业的战略方向。

表6-4　　　　2009～2010年江苏省主营业务收入增长率　　　　单位:%

产业部门	2009年主营业务收入增长率	2010年主营业务收入增长率	均值
煤炭开采和洗选业	1.59	14.80	8.20
石油和天然气开采业	-47.53	35.56	-5.99
黑色金属矿采选业	-10.08	-4.34	-7.21
有色金属矿采选业	2.33	7.31	4.82
非金属矿采选业	-12.53	31.37	9.42
农副食品加工业	21.50	22.82	22.16
食品制造业	10.93	25.69	18.31
饮料制造业	19.61	23.30	21.46
烟草制品业	9.07	16.58	12.83
纺织业	0.82	22.92	11.87

续表

产业部门	2009年主营业务收入增长率	2010年主营业务收入增长率	均值
纺织服装、鞋、帽制造业	6.11	16.08	11.10
皮革、毛皮、羽毛及其制品业	7.78	19.55	13.67
木材加工及木竹藤等制品业	13.61	32.11	22.86
家具制造业	-0.24	26.09	12.93
造纸机纸制品业	5.88	19.34	12.61
印刷业和记录媒介的复制	9.35	22.34	15.85
文教体育用品制造业	11.30	20.64	15.97
石油加工、炼焦及核燃料加工业	-5.70	46.11	20.21
化学原料及化学制品制造业	6.99	30.37	18.68
医药制造业	29.60	26.10	27.85
化学纤维制造业	3.29	31.19	17.24
橡胶制造业	8.11	17.31	12.71
塑料制品业	-1.63	25.81	12.09
非金属矿物制品业	11.20	31.55	21.38
黑色金属冶炼及压延加工业	-3.14	15.05	5.96
有色金属冶炼及压延加工业	5.71	28.39	17.05
金属制品业	4.46	26.25	15.36
通用设备制造业	4.83	30.84	17.84
专用设备制造业	16.29	38.07	27.18
交通运输设备制造业	33.83	32.70	33.27
电力机械及器材制造业	12.93	35.29	24.11
通信设备、计算机及其他电子设备制造业	5.24	25.54	15.39
仪器仪表及文化、办公用机械制造业	14.00	34.18	24.09
工艺品和其他制造业	30.44	27.62	29.03
废弃资源和废旧材料回收加工业	17.75	53.72	35.74
电力、热力的生产和供应业	9.79	17.69	13.74
燃气生产和供应业	21.74	16.52	19.13
水的生产和供应业	1.46	20.88	11.17

（5）全球—国内价值链指标。全球—国内价值链水平测度是反映价值链特征的重要来源。以《2007年江苏省投入产出表》《江苏统计年鉴》(《2007年江苏省投入产出表》为最新数据) 为基础，根据国内—区域价值链测度公式，计算江苏省42部门全球—国内价值链水平，计算结果见表6-5。

表6-5　　　　江苏省42部门价值链水平测度

产业部门	全球价值链	国内价值链	均值
通信设备、计算机及其他电子设备制造业	0.5068	0.0282	0.2675
燃气生产和供应业	0.0002	0.5262	0.2632
石油加工、炼焦及核燃料加工业	0.3685	0.0149	0.1917
化学工业	0.3171	0.056	0.1866
通用、专用设备制造业	0.2700	0.0528	0.1614
仪器仪表及文化、办公用机械制造业	0.2853	0.0276	0.1565
电气机械及器材制造业	0.2131	0.0456	0.1294
租赁和商务服务业	0.1187	0.0214	0.0701
纺织业	0.0373	0.0789	0.0581
食品制造及烟草加工业	0.0682	0.0416	0.0549
工艺品及其他制造业	0.0311	0.0732	0.0522
交通运输设备制造业	0.0205	0.0824	0.0515
金属冶炼及压延加工业	0.0291	0.0583	0.0437
煤炭开采和洗选业	0.0121	0.0587	0.0354
金属矿采选业	0.0166	0.049	0.0328
农、林、牧、渔业	0.0339	0.0296	0.0318
石油和天然气开采业	0.0116	0.051	0.0313
研究与试验发展	0.019	0.0397	0.0294
造纸印刷及文教体育用品制造业	0.0294	0.0292	0.0293
住宿和餐饮业	0.0249	0.0266	0.0258
卫生、社会保障和社会福利业	0.0113	0.0401	0.0257
非金属矿物制品业	0.0100	0.0354	0.0227

续表

产业部门	全球价值链	国内价值链	均值
水利、环境和公共设施管理业	0.0095	0.0324	0.0210
非金属矿及其他矿采选业	0.0088	0.0316	0.0202
木材加工用家具制造业	0.0159	0.0238	0.0199
文化、体育和娱乐业	0.0071	0.0296	0.0184
交通运输、仓储业	0.0188	0.0178	0.0183
信息传输、计算机服务和软件业	0.0185	0.0178	0.0182
金属制品业	0.0023	0.0324	0.0174
居民服务和其他服务业	0.0101	0.021	0.0156
纺织服装鞋帽皮革羽绒及其制品业	0.009	0.0194	0.0142
批发和零售业	0.0199	0.0071	0.0135
建筑业	0.0017	0.0223	0.0120
综合技术服务业	0.0097	0.0096	0.0097
教育	0.0034	0.0152	0.0093
公共管理和社会组织	0.0040	0.0125	0.0083
邮政业	0.0023	0.014	0.0082
金融业	0.0025	0.0102	0.0064
房地产业	0.0024	0.0036	0.0030
电力、热力的生产和供应业	0.0013	0.0021	0.0017
废品废料	0.0003	0.0023	0.0013
水的生产和供应业	0.0003	0.0014	0.0009

6.2.2 基于传统指标的江苏省主导产业选择

本书选取的是多指标综合评价的方法，就是对选定的 m 个评价指标 $X_1, X_2, X_3, \cdots, X_m$ 的 n 个评价对象的运行状况进行分类或者排序过程。用公式表示为：

$$y_i = \sum_{j=1}^{m} w_i x_{ij} \qquad (6.2)$$

其中：x_{ij} 为第 i 个评价对象的第 j 项指标值，w_i 为评价指标 x_j 的权重系数，y_i 为第 i 个评价对象的综合评价值。

首先，数据无量纲化处理。采取的是多指标综合评价法对江苏主导产业进行选择，为了消除各指标的单位不同而带来的问题，先要对需求收入弹性、产业规模、影响力和感应力系数进行"中心化"处理，计算公式为：

$$Z_{ij} = \frac{x_{ij} - \bar{x}_j}{s_j} (i = 1,2,\cdots,n; j = 1,2,\cdots,m) \qquad (6.3)$$

其中：Z_{ij} 为产业 i 的第 j 个指标经标准化后处理得到的数据，x_{ij} 为原始数据，$\bar{x}_j$ 为第 j 个指标的平均值，s_j 为均方差，计算公式为：

$$S_j = \sqrt{\frac{\sum_{i=1}^{n}(x_{ij} - \bar{x}_j)}{n-1}} \qquad (6.4)$$

工业企业主营业务收入仅能反映工业部门的经营状况，将主营业务收入增长率作为区域主导产业权重变量的参考要素，在此不对该数据进行无量纲化处理。江苏省三个指标 40 部门数据无量纲化处理的结果如表 6-6 所示。

表 6-6　基于传统指标的江苏省 40 部门数据无量纲化

产业部门	需求价格弹性	产业规模	产业关联度
农、林、牧、渔业	1.0037	0.0935	0.4098
煤炭开采和洗选业	0.8967	0.6796	0.1346
石油和天然气开采业	2.3662	0.7259	0.8395
金属矿采选业	1.7109	0.7355	0.0486
非金属矿及其他矿采选业	1.2955	0.7118	0.4100
食品制造及烟草加工业	0.3136	0.5559	0.1724

续表

产业部门	需求价格弹性	产业规模	产业关联度
纺织业	0.6905	0.7946	0.3977
纺织服装鞋帽皮革羽绒及其制品业	1.2963	0.0505	0.2367
木材加工用家具制造业	0.0011	0.4172	0.0535
造纸印刷及文教体育用品制造业	0.6484	0.2516	0.1171
石油加工、炼焦及核燃料加工业	0.1989	0.3645	0.9021
化学工业	0.1613	3.0054	3.0124
非金属矿物制品业	0.0723	0.0753	0.0311
金属冶炼及压延加工业	0.8605	1.8495	3.4320
金属制品业	0.4368	0.1441	0.3986
通用、专用设备制造业	0.0442	1.7140	1.0421
交通运输设备制造业	1.2415	0.9226	0.3493
电气机械及器材制造业	0.4496	1.5183	0.4764
通信设备、计算机及其他电子设备制造业	0.3996	2.6043	1.1512
仪器仪表及文化、办公用机械制造业	0.2318	0.3054	0.0636
工艺品及其他制造业	0.8892	0.6495	0.4243
废品废料	0.7072	0.6946	1.1374
电力、热力的生产和供应业	0.3524	0.0710	1.4731
燃气生产和供应业	0.0706	0.7032	0.5876
水的生产和供应业	0.6740	0.7301	0.8533
建筑业	0.7669	2.2280	0.4792
交通运输、仓储业、邮政业	0.0321	0.2935	0.2808
信息传输、计算机服务和软件业	0.9874	0.5957	0.7131
批发和零售业	0.3691	0.4022	0.4521
住宿和餐饮业	0.4976	0.5677	0.4140
金融业	1.6798	0.2065	0.3671
房地产业	1.8435	0.0774	1.1126
租赁和商务服务业	2.0639	0.5269	0.2283
研究与试验发展	0.1251	0.6581	0.7185
水利、环境和公共设施管理业	1.5519	0.6968	0.9103

续表

产业部门	需求价格弹性	产业规模	产业关联度
居民服务和其他服务业	1.3621	0.6366	0.6572
教育	0.2576	0.4871	1.1313
卫生、社会保障和社会福利业	0.5391	0.6226	0.7540
文化、体育和娱乐业	0.9877	0.6957	0.8984
公共管理和社会组织	0.7577	0.4280	1.1203

其次，引入多指标综合指标评价法进行分析。在进行评价之前，首先需要对各指标的权重进行赋值，采取简单赋值法，对三个指标分别赋予0.35、0.3和0.35。表6－6中三类无量纲化处理的数据通过以下公式求得各产业的综合评价得分：

$$R_i = \sum_{j=1}^{m} a_j R_{ij} \qquad (6.5)$$

其中：R_i 为产业 i 经过加权之后的得分；a_j 为第 j 个指标的权重；R_{ij} 为第 i 个产业第 j 个指标经过无量纲化处理后的标准值。江苏省40个产业部门综合评价得分如表6－7所示。

表6－7 基于传统指标评价体系的江苏省40个产业部门综合评价得分及排序

产业部门	综合得分	排序
金属冶炼及压延加工业	2.0572	1
化学工业	2.0124	2
石油和天然气开采业	1.3398	3
通信设备、计算机及其他电子设备制造业	1.3241	4
电气机械及器材制造业	1.1045	5
通用、专用设备制造业	1.0708	6
租赁和商务服务业	1.0579	7
房地产业	0.9603	8
建筑业	0.8977	9
水利、环境和公共设施管理业	0.8944	10

续表

产业部门	综合得分	排序
文化、体育和娱乐业	0.8688	11
废品废料	0.8540	12
金属矿采选业	0.8365	13
交通运输设备制造业	0.8336	14
非金属矿及其他采选业	0.8105	15
公共管理和社会组织	0.7857	16
居民服务和其他服务业	0.7796	17
金融业	0.7784	18
信息传输、计算机服务和软件业	0.7739	19
水的生产和供应业	0.7535	20
电力、热力的生产和供应业	0.6602	21
工艺品及其他制造业	0.6546	22
卫生、社会保障和社会福利业	0.6394	23
教育	0.6322	24
石油加工、炼焦及核燃料加工业	0.6240	25
纺织业	0.6193	26
煤炭开采和洗选业	0.5649	27
纺织服装鞋帽皮革羽绒及其制品业	0.5517	28
农、林、牧、渔业	0.5228	29
研究与试验发展	0.4927	30
住宿和餐饮业	0.4894	31
燃气生产和供应业	0.4413	32
批发和零售业	0.4081	33
造纸印刷及文教体育用品制造业	0.3431	34
食品制造及烟草加工业	0.3369	35
金属制品业	0.3356	36
交通运输、仓储业、邮政业	0.1976	37
仪器仪表及文化、办公用机械制造业	0.1950	38
木材加工用家具制造业	0.14437	39
非金属矿物制品业	0.0588	40

在表6-7中，排名前6位的产业部门为金属冶炼及压延加工业、化学工业、石油和天然气开采业、通信设备、计算机及其他电子设备制造业、电气机械及器材制造业、通用、专用设备制造业，按照综合得分高低，将以上六部门确立为传统指标评价体系下的江苏省主导产业对象。

6.2.3 引入价值链指标的江苏省主导产业选择

长三角地区大力发展以出口为导向的外向型经济，但在嵌入全球价值链过程中，技术、资本基础薄弱，对加工贸易高度依赖，容易陷入依附性经济，在竞争中处于被动地位。提高长三角地区自主创新能力，推动价值链条升级是经济全球化背景下提升区域竞争力的必然选择。有必要将全球—国内价值链指标纳入江苏省主导产业选择过程中，发挥主导产业带动和辐射效应，实现以主导产业为龙头的价值链升级路径。

江苏省引入价值链指标的40个产业部门数据无量纲化结果（见表6-8），基于多指标综合评价法各产业部门综合得分及排序如表6-9所示。

表6-8　引入价值链指标的江苏省40个产业部门数据无量纲化

产业部门	需求价格弹性	产业规模	产业关联度	全球—国内价值链水平
农、林、牧、渔业	1.0037	0.0935	0.4098	0.0111
煤炭开采和洗选业	0.8967	0.6796	0.1346	0.1057
石油和天然气开采业	2.3662	0.7259	0.8395	0.0552
金属矿采选业	1.7109	0.7355	0.0486	0.0629
非金属矿及其他矿采选业	1.2955	0.7118	0.4100	0.0322
食品制造及烟草加工业	0.3136	0.5559	0.1724	0.2264
纺织业	0.6905	0.7946	0.3977	0.3358
纺织服装鞋帽皮革羽绒及其制品业	1.2963	0.0505	0.2367	0.3120
木材加工用家具制造业	0.0011	0.4172	0.0535	-0.0989
造纸印刷及文教体育用品制造业	0.6484	0.2516	0.1171	-0.0098
石油加工、炼焦及核燃料加工业	0.1989	0.3645	0.9021	1.3063

续表

产业部门	需求价格弹性	产业规模	产业关联度	全球—国内价值链水平
化学工业	0.1613	3.0054	3.0124	1.3316
非金属矿物制品业	0.0723	0.0753	0.0311	-0.0498
金属冶炼及压延加工业	0.8605	1.8495	3.4320	0.1742
金属制品业	0.4368	0.1441	0.3986	0.4435
通用、专用设备制造业	0.0442	1.7140	1.0421	1.1194
交通运输设备制造业	1.2415	0.9226	0.3493	0.2891
电气机械及器材制造业	0.4496	1.5183	0.4764	0.8422
通信设备、计算机及其他电子设备制造业	0.3996	2.6043	1.1512	1.9293
仪器仪表及文化、办公用机械制造业	0.2318	0.3054	0.0636	1.0228
工艺品及其他制造业	0.8892	0.6495	0.4243	0.2746
废品废料	0.7072	0.6946	1.1374	-0.1859
电力、热力的生产和供应业	0.3524	0.0710	1.4831	-0.1547
燃气生产和供应业	0.0706	0.7032	0.5876	1.7866
水的生产和供应业	0.6740	0.7301	0.8533	-0.1662
建筑业	0.7669	2.2280	0.4792	0.0122
交通运输、仓储业、邮政业	0.0321	0.2935	0.2808	0.3409
信息传输、计算机服务和软件业	0.9874	0.5957	0.7131	-0.1261
批发和零售业	0.3691	0.4022	0.4521	-0.1335
住宿和餐饮业	0.4976	0.5677	0.4140	-0.0446
金融业	1.6798	0.2065	0.3671	-0.1001
房地产业	1.8435	0.0774	1.1126	-0.1402
租赁和商务服务业	2.0639	0.5269	0.2283	0.3006
研究与试验发展	0.1251	0.6581	0.7185	0.2278
水利、环境和公共设施管理业	1.5519	0.6968	0.9103	-0.0708
居民服务和其他服务业	1.3621	0.6366	0.6572	-0.0345
教育	0.2576	0.4871	1.1313	-0.2045
卫生、社会保障和社会福利业	0.5391	0.6226	0.7540	-0.0149
文化、体育和娱乐业	0.9877	0.6957	0.8984	-0.9815
公共管理和社会组织	0.7577	0.428	1.1203	-0.0982

表6-9 引入价值链指标的江苏省40个产业部门综合评价得分及排序

产业部门	综合得分	排序
化学工业	1.8777	1
金属冶炼及压延加工业	1.5791	2
通信设备、计算机及其他电子设备制造业	1.5211	3
石油和天然气开采业	0.9967	4
通用、专用设备制造业	0.9799	5
电气机械及器材制造业	0.8716	6
建筑业	0.8216	7
燃气生产和供应业	0.7870	8
租赁和商务服务业	0.7799	9
信息传输、计算机服务和软件业	0.7721	10
房地产业	0.7233	11
交通运输设备制造业	0.7006	12
石油加工、炼焦及核燃料加工业	0.6930	13
居民服务和其他服务业	0.6554	14
金属矿采选业	0.6395	15
非金属矿及其他矿采选业	0.6124	16
废品废料	0.5883	17
工艺品及其他制造业	0.5594	18
纺织业	0.5547	19
公共管理和社会组织	0.5520	20
水利、环境和公共设施管理业	0.5425	21
金融业	0.5383	22
水的生产和供应业	0.5228	23
卫生、社会保障和社会福利业	0.4752	24
纺织服装鞋帽皮革羽绒及其制品业	0.4739	25
煤炭开采和洗选业	0.4542	26
电力、热力的生产和供应业	0.4355	27
研究与试验发展	0.4324	28

续表

产业部门	综合得分	排序
教育	0.4179	29
仪器仪表及文化、办公用机械制造业	0.4059	30
文化、体育和娱乐业	0.4001	31
农、林、牧、渔业	0.3795	32
住宿和餐饮业	0.3587	33
金属制品业	0.3558	34
食品制造及烟草加工业	0.3171	35
批发和零售业	0.2725	36
造纸印刷及文教体育用品制造业	0.2518	37
交通运输、仓储业、邮政业	0.2368	38
木材加工用家具制造业	0.0932	39
非金属矿物制品业	0.0322	40

根据表6-9可知，排名前6位的产业部门为化学工业，金属冶炼及压延加工业，通信设备、计算机及其他电子设备制造业，石油和天然气开采业，通用、专用设备制造业，电气机械及器材制造业，引入全球—国内价值链指标下江苏省主导产业对象与传统指标评价体系下的对象排序有所不同，内容相同，确立以上六部门为江苏省主导产业。

6.2.4 江苏省分行业主导产业的确立与价值链攀升路径

6.2.4.1 江苏省分行业主导产业的确立

基于传统指标评价体系和价值链指标的基础上，对江苏省分行业主导产业做出以下选择。

（1）江苏省制造业主导产业的确立。在传统指标评价体系下，金属冶炼及压延加工业，通信设备、计算机及其他电子设备制造业，电气机械及器材制造业，通用、专用设备制造业在产业关联度、产业规模、需求收入弹性水平指标综合得分较高，从产业特征来看，江苏省制造业成为由小型到大型的转变、轻型向重型的转变、粗加工向精加工转变、普通产品向高新技术产品转变的重要组成部分，对产业结构高度优化和经济增长具有很强的导向和带动作用。金属冶炼及压延加工业近年来主营业务收入增长位居各行业前列，对产业发展的支撑力度大。引入价值链指标的综合评价体系下，金属冶炼及压延加工业，通信设备、计算机及其他电子设备制造业，通用、专用设备制造业，电气机械及器材制造业全球—国内价值链水平较高，位居江苏省价值链水平前列，综上确立金属冶炼及压延加工业，通信设备，计算机及其他电子设备制造业，电气机械及器材制造业，通用、专用设备制造业作为江苏省制造业主导产业培育部门。

（2）江苏省高新技术产业主导产业的确立。高新技术产业代表国家的综合实力和整体竞争力，是实现主导产业高端化，促进产业价值链向高附加值、高技术含量环节延伸的重要来源。通过高新技术产业对传统产业的渗透改造，带动传统产业结构和整体区域经济结构升级。在传统指标评价体系和引入价值链的综合指标评价体系下，化学工业综合得分位居前列，将其作为江苏省高新技术产业主导产业培育对象，大力对其扶植力度，缩小江苏省在制药、生物工程等领域与世界先进水平的差距，提升江苏省产业结构层次和参与全球价值链的层次（见表6-10）。

表6-10　　　　　　　　江苏省分行业主导产业分布

时间跨度	产业部门
江苏省制造业主导产业	金属冶炼及压延加工业，通信设备、计算机及其他电子设备制造业，电气机械及器材制造业，通用、专用设备制造业
江苏省高技术产业主导产业	化学工业

6.2.4.2　江苏省主导产业价值链攀升路径选择

江苏省融入全球价值链攀升路径主要有两类：单一价值链条升级和跨越价值链条升级两种路径。单一价值链条升级路径包括阶段性升级路径、基本升级路径,即向价值链上游的研发设计环节攀升,或者向价值链下游的营销环节攀升的路径;跨越价值链条升级是由低级价值链向高级价值链攀升的路径。

(1) 江苏省主导产业特征及价值链分析。作为江苏省制造业重点培育对象的金属冶炼及压延加工业,通信设备、计算机及其他电子设备制造业,电气机械及器材制造业,通用、专用设备制造业四大主导产业属于江苏省高科技产业重点培育的化学工业产业,全球—国内价值链水平各不相同。

从产业发展特征来看,金属冶炼及压延加工业,化学工业,石油和天然气开采业,通信设备、计算机及其他电子设备制造业,电气机械及器材制造业,通用、专用设备制造业对技术、资本的要求都较高。

从价值链水平来看,通信设备、计算机及其他电子设备制造业、电气机械及器材制造业属于全球价值链、国内价值链双高的产业。化学工业,通用、专用设备制造业属于全球价值链水平较高、国内价值链水平居于中等水平的产业。金属冶炼及压延加工业、石油和天然气开采业属于全球价值链水平较低、国内价值链水平较高的产业。

(2) 江苏省主导产业价值链升级的路径选择。第一,单一价值链条的升级路径。通信设备、计算机及其他电子设备制造业和电气机械及器材制造业对技术要求高,是江苏省取得竞争优势的重要来源,在价值链攀升过程中,沿着阶段性价值链升级路径,可遵循先技术、后市场,先市场、后技术,或者技术、市场同时攀升的价值链升级路径,在核心领域取得自主知识产权和关键技术。第二,跨越价值链条升级路径。金属冶炼及压延工业、石油和天然气开采业资源消耗较大,与经济、社会、生态环境之间和谐发展的目标存在冲突,随着产业生命周期演进,资源面临枯竭,实现产业转移与过渡是必然的选择。因此,结合江苏省经济、社会发展的实际情况,有条件的企业逐步实行产业转移与分流,集中人力、物力于价值链层次较高、产业附加值高、环境污染小的产业部门,实现跨越价值链条发展(见表6-11)。

表6-11　　　　　　　江苏省主导产业价值链特征

产业部门	产业价值链特征	价值链水平
通信设备、计算机及其他电子设备制造业,电气机械及器材制造业	技术要求高	国内、全球价值链双高
化学工业,通用、专用设备制造业	技术要求高	全球价值链水平高、国内价值链水平居于中等
金属冶炼及压延加工业,石油和天然气开采业	技术要求高	全球价值链水平低、国内价值链水平较高

6.3 江苏省自主创新整合路径

6.3.1 江苏省自主创新路径选择原则及目标

6.3.1.1 江苏省自主创新升级路径选择的原则

创新路径的选择要符合区域经济发展目标,将各种创新资源有效融入政策、体制框架中,实现技术、资源要素与制度的合理良性互动,形成动态、有序开放的自主创新路径。在路径选择中应坚持以下三个原则。

(1)因地制宜原则。根据江苏省内部创新的自然、社会环境及创新基础选择一条有助于当地经济发展的创新路径。打破拿来主义的观点,摒弃放之四海而皆准的创新模型,基于不同行业、产业集群特征制定合理的区域创新规划:21世纪初,江苏省在制造业的带动下实现了"两个率先"。一方面,得益于得天独厚的地域优势及廉价劳动力成本,江苏省成为外商对外直接投资的重要场所,据统计外商投资总额的70%进入了制造业。另一方面，电气机械及制造业、专业设备制造业，尤其是与信息技术产业相关的通信设备制造业、电子制造业迅速发展，超越传统制造业成为制造业的重要组成部分。大力发展现代制造业、医药、电子通信等主导产业的发展是实现传统制造业升级，实现江苏制造业强省的重要来源。

（2）经济目标与社会发展目标相结合原则。提高江苏省经济发展水平是改善自主创新联盟绩效水平，推动产业价值链升级的主要目标。建立合理的利益激励及导向机制是提升区域创新效率及经济运行效果的重要支撑。发挥市场导向作用，对产品附加值高、对区域经济增长贡献大的产业，要鼓励其发展，建立有利于行业长远发展的规划；坚持可持续发展的经济发展目标，通过技术淘汰及政府创新政策影响，逐步缩小落后产业在经济结构中的比重，引导区域经济向低消耗、低污染方向发展。

（3）分工协作原则。江苏省自主创新系统是一个有机、整体系统，自主创新子路径是整个系统的有机组成部分，子路径的选择应该把推进各路径间协作摆在重要位置，实现各子路径理性合作，达到整体功能大于各部分之和。建立各创新主体间交流合作的平台，发挥各自创新优势，实现各主体间优势互补及合作集成。

6.3.1.2 区域自主新路径选择的目标

国外众多学者研究证实，区域是反映当地及国家政府创新基金投入效果的最佳载体，区域自主创新能力直接决定了区域竞争力，关系到区域经济可持续发展。地域、部门分工、国家政策、全球化及各部分构成要素相互作用的紧密程度会影响区域创新体系的特征，而组织形式、企业要素、资源作用方式及方向是影响区域创新体系效率的关键要素，创新路径的选择直接影响了区域内部资源整合的方式及效率。由前文所知，江苏省是我国创新能力最强的省份。继续保持良好的经济发展势头，提高创新能力及竞争力，实现区域内部人力、物力、社会资源及政策相互配合是江苏省经济和谐发展的基础,选择合理的区域发展路径,对内部资源、要素优化组合,即通过对区域内部各要素、资源的整合,实现局部功能大于整体功能之和,实现经济可持续发展是区域自主创新路径选择的目标。

6.3.2 基于创新联盟绩效改善的合作创新路径

江苏省创新联盟绩效与世界一流创新强国相比,创新主体间合作效率还存在较大提升空间,创新主体之间信息沟通、合作效率亟须提高。

首先,树立"双赢"和竞争合作理念,强化创新联盟的合作意识。全球价值链分工的强大竞争压力下,结束了单个企业单打独斗的局面,越来越多的表现为以创新联盟为基础的竞争,江苏省已形成了产学研相结合的创新联盟,但是合作的深度、广度和紧密程度还需进一步加强,需要在更多领域开展合作创新、联合创新活动。在竞争合作中要树立合作竞争的"双赢"理念,引导创新联盟强化合作意识,在合作创新中创造更大的价值,发挥各自竞争优势。

其次,完善信息沟通平台,鼓励高层次、多领域、多元化的创新合作。江苏省创新联盟内部的有效合作离不开有效沟通和信息共享的平台和机制的建立,推动区域内主创新资源交流与共享和区域内部技术横向流动,保证创新联盟之间创新资源的兼容性,保证沟通的效果。在全球价值链分工下,创新联盟通过整合区域内部创新资源和合作创新,积极参与多层次、多领域的国际竞争。首先提高创新联盟内部对知识的吸收能力,发挥后发比较优势,积极创造竞争优势,实现由单纯的技术采纳、资金吸收逐步转向多向的知识流动,在全球价值链向纵向发展的同时,实现创新联盟由低级向高级的转变。

6.3.3 江苏省主导产业自主创新路径

金属冶炼及压延加工业、化学工业、石油和天然气开采业、通信设备、计算机及其他电子设备制造业、通用、专用设备制造业、电气机械及器材制造业是江苏省确立的主导产业部门。制造业是江苏省的龙头产业，以制造业为突破口，通过制度创新理顺产业价值链系统内部主导产业、传统产业、基础产业和相关配套产业之间的关系，发挥产业关联效应，推进产业之间的有机聚合程度，推动价值链条内部整合。

首先，江苏省主导产业的价值链升级路径。根据江苏省主导产业全球—国内价值链水平，对产业发展目标进行合理定位。通信设备、计算机及其他电子设备制造业，电气机械及器材制造业是全球价值链和国内价值链水平双高产业，是全球价值链中参与程度最高的产业部门，借助全球—国内价值链，不断扩大在优势环节的产业规模，沿着先技术后市场，或者先市场后技术的升级路径向高端价值链环节攀升，发挥主导产业的关联效应，带动传统产业和其他产业升级。化学工业、通用、专用设备制造业参与全球价值链程度高，国内价值链水平处于中游位置，这类价值链在全球价值链条上继续向价值链两端攀升，同时打造国内价值链，避免陷入发达国家的"技术陷阱"。金属冶炼及压延加工业、石油和天然气开采业国内价值链水平高于全球价值链水平，技术基础较好，价值链攀升路径主要围绕全球价值链水平与层次提高展开，在融入价值链过程中提高对先进技术的技术消化、吸收再创新能力，向研发环节价值链攀升。

其次，制造业价值链模块化的优势整合路径。制造业价值链模块化是指制造业价值链结构逐渐裂变成若干个独立的价值链节点，通过向各节点的横向整合与集中，形成若干个规模化的价值模块制造者的过程。集中优势资源，推进制造业价值链模块化生产。通信设备、计算机及其他电子设备制造业，通用、专用设备制造业，电气机械及器材制造业属于高端制造业，也是江苏省全球价值链水平较高的产业，在技术基础较为薄弱时，推进品牌制造商模块化生产，在生产制造环节形成自身的比较优势，在非核心价值环节形成具有一定竞争优势和规模的合同制造商。同时，不断推动这些产业的制造商向品牌制造商的方向发展，在基础研发、功能设计、升级、营销等核心价值环节实现模块化生产。具体而言有以下几点。

鼓励合同制造商在非核心环节进行专业化、模块化经营，在低端价值链环节增加研发设计、物流、供应链管理及附加服务等更加系统化的功能，拓展从低端的简单的生产制造向高端的研发设计、物流、售后服务等领域的业务，在低端环节构建自身的竞争优势，便可以对主导厂商形成一定的逆向控制，弱化了主导厂商对整个产业的控制，这样核心模块合同制造商与主导厂商之间建立起了互补甚至平等的关系。主导厂商依靠模块供应商的长期稳定的供给，在监督标准、技术指标的制定和升级过程中需要模块供应商更多的支持，在能力提升、利益分配过程中呈现出互补性、分享性。

提高主导厂商和合同制造商在核心环节和非核心环节的自主创新能力。鼓励江苏省本土的主导厂商基于自身比较优势，对核心价值模块实施改造，培养企业知识创新、自主创新能力，在战略价值模块上取得自有知识产权品牌和关键技术，在某些关键价值链环节上做大精做细，逐渐积累形成具有比较优势和竞争优势的规模产业，实现价值链等级攀升。鼓励其积极参与国际制造业行业技术标准的制定，尤其是涉及产业升级方向的技术标准制定，推进模块化改革向着有利于江苏本土企业发展方向推进。

实施高技术产业的原发性创新路径。化学工业尤其是医药、制药、生物工程等战略性高技术产业，是江苏省战略竞争力的重要来源。高技术产业涉及核心、关键技术竞争，自主创新成为主要的创新模式。加大对关键技术领域的研发投入，提高研发经费投入强度，充分发挥创新联盟合作创新的集成作用与功能，搭建信息共享、资源优化的创新平台，通过提高创新联盟的绩效水平提高创新投入产出，争取在核心环节获得自主知识产权。

6.3.4 全球价值链下技术跨越路径

企业参与价值链的层次是全球价值链竞争力的重要来源。江苏省大部分企业通过分解全球价值链低端价值环节嵌入全球价值链，以加工组装、零部件装配等方式参与国际生产环节，技术、资本基础薄弱，主要采取"技术引进"方式学习国外先进技术及相关标准等，在消化、吸收过程中不断提高自身技术创新能力，在更高层次上参与国际分工，实现向价值链两端攀升或者向更高层次价值链条跨越的目标。

（1）"低速起步，加速发展"的技术跨越路径。"低速起步"是在技术条件、可利用资源有限的情况下，选择成本低、收益快、跨越难度低的技术门槛，以简单的加工装配、设备引进或者零部件组装方式嵌入全球价值链，模仿和学习世界先进技术和管理经验，不断提高对新技术的消化、吸收能力，培育自主创新能力，努力在研发设计、营销等高端环节展开技术、资本合作，提高参与全球价值链的层次，技术跨越能力不断积累。江苏省通信设备、计算机及其他电子设备制造业，通用、专用设备制造业等国际业务订单、购买专用设备和零部件组装的方式参与全球价值链，起步低，尽管全球价值链水平还有待提高，但是发展迅速，产业规模逐步扩大，技术水平和参与国际合作的形式、层次不断提高。

（2）坚持自主创新，树立自主品牌，构建核心环节竞争优势的技术跨越路径。江苏省主导产业内部主导厂商经历了技术模仿阶段，积累了一定的技术基础和资本，基于某技术环节进行自主研发，实现突破性创新。例如通信设备制造业"领头羊"的华为集团是在价值链某一环节进行自主创新，成功占领市场的典型代表。20世纪末期程控机交换时代，特定集成电路在产品中应用广泛，依靠技术引进，需要付出高额的引进费用，而且受制于人，华为集团投入大量人力、物力集中对核心芯片实施技术研发工作，自己设计的芯片，不仅具有自主知识产权，还大大降低了生产成本，芯片出口给华为带来了可观的外汇收入。2000年之后，在越来越多的产品上，华为开始具备了改进并创新的能力。尤其是最近几年，在下一代网络（NGN）、3G全系列设备、光网络、ADSL宽带等领域中，华为的技术实力已经在全球进入第一阵营，有权参与国际技术标准制定与实施，依靠自主创新成功实现了由技术模仿到技术跨越转型。

参 考 文 献

[1] 何畏等译. 熊彼特. 经济发展理论 [M]. 北京：商务印书馆, 1990.

[2] 张荣峰, 章利华. 自主创新的理论、国际经验和模型构建[J]. 世界经济与政治论坛, 2006 (4).

[3] 罗志如等. 当代西方经济学说 (下册) [M]. 北京：北京大学出版社, 1989.

[4] Solow R. M. Technical change and the aggregate production function [J]. Review of Economics & Statistics, 1957, 39 (3).

[5] Arrow K. J. Reviews of economic implications of learning by doing studies. [J]. The Economy, 1962 (29).

[6] Romer P. M. Increasing returns and long run growth [J]. Journal of Political Economy, 1986, 94 (5).

[7] 查尔斯·琼斯. 经济增长导论 [M]. 北京：北京大学出版社, 2002.

[8] 谢燮正. 科技进步、自主创新与经济增长 [J]. 软件工程师, 1995 (5).

[9] 陈劲. 从技术引进到自主创新的学习模式 [J]. 科研管理, 1994 (2).

[10] 傅家骥. 技术创新学 [M]. 北京：清华大学出版社, 1998.

[11] 周寄中. 关于自主创新与知识产权之间的联动 [J]. 管理评论, 2005 (11).

[12] 宋河发等. 自主创新及创新自主性侧度研究 [J]. 中国软科

学，2006 (6).

[13] 丁湘城，罗勤辉. 试论我国技术引进与技术创新的关系 [J]. 科技与经济，2006 (1).

[14] Mansfield E., Wagner S. Organizational and strategic factors associated with probabilities of success in industrial R&D [J]. Journal of Business, 1975, 48 (2).

[15] 江小涓. 理解科技全球化——资源重组、优势集成和自主创新能力的提升 [J]. 管理世界，2004 (6).

[16] 彭纪生，刘伯军. 模仿创新与知识产权保护 [J]. 科学学研究，2003 (4).

[17] 万君康. 论技术引进与自主创新的关联与差异 [J]. 武汉汽车工业大学学报，2000 (4).

[18] 杜谦，杨起全. 关于当前我国科技发展主要矛盾的思考 [J]. 中国科技论坛，2001 (2).

[19] 高梁. 开放条件下的工业发展与自主创新 [J]. 开放导报，2006 (4).

[20] Henry Chesbrough. Open innovation: The new imperative for creating and Profiting from technology [M]. Harvard: Harvard business school press, 2003.

[21] 姚志坚，程军等. 技术创新 A-U 模型进展及展望 [J]. 科研管理，1999 (4).

[22] 马天毅，马野青等. FDI 与中国自主创新能力的实证分析 [J]. 世界经济研究，2006 (1).

[23] 吕玉辉. 企业技术创新的模式与战略机会选择 [J]. 商场时代，2006 (35).

[24] 朱明. 正向与反向工程战略与中国自主创新能力的提高 [J]. 中国软科学，2005 (6).

[25] 马大猷. 自主创新的三个方面 [J]. 求是，2006 (6).

[26] 郭红卫. 经济增长视角下的中国自主创新模式研究 [D]. 辽宁：辽宁大学, 2009.

[27] 吴晓波. 二次创新的进化过程 [J]. 科研管理, 1995 (2).

[28] 薛求知, 林哲. 美欧、日韩公司技术创新机制比较 [J]. 研究与发展管理, 2001 (6).

[29] 陈劲. 我国自主创新与知识产权管理系统 [J]. 公共管理学报, 2006 (4).

[30] 李志军. 我国自主创新的现状、问题及成因 [J]. 中国科技投资, 2007 (5).

[31] 黎峰. 中国自主创新能力影响因素的实证分析：1990~2004 [J]. 世界经济与政治论坛, 2006 (5).

[32] 冯之浚. 企业是自主创新的主体 [J]. 科学学与科学技术管理, 2006 (4).

[33] 陶长琪, 齐亚伟. 中国省域研发投入与自主创新能力的协整研究 [J]. 徐州工程学院学报, 2007 (11).

[34] 薄广文. 外商直接投资对中国高技术产业自主创新能力影响的实证分析 [J]. 经济研究导刊, 2010 (12).

[35] 石英华, 张晓云. 财政支持自主创新成果产业化的国际经验借鉴与启示 [J]. 地方财政研究, 2007 (3).

[36] 孙斐, 黄卉. 我国自主创新能力影响因素的实证研究 [J]. 科技进步与对策, 2010 (4).

[37] 吴成颂. 产业转移承接的金融支持问题研究——以安徽省承接长三角产业转移为例 [J]. 学术界, 2009 (5).

[38] Pavitt K. Characteristics of innovative activities in British industry [J]. Omega, 1983, 11 (2).

[39] Griliches Z. Patent statistics as Economic Indicators: A survey [J]. Journal of Economic Literature, 1990, 28 (28).

[40] 刘俊. "产学研"创新联盟的动因分析 [J]. 江苏商论,

2006 (12).

[41] Etzkowitz, Henry, Loet Leydesdorff. The Triple helix of University-Industry-Government relations: A laboratory for knowledge-based economic development [J]. East Review, 1995, 14 (1).

[42] 王成军. 官产学三重螺旋创新系统模型研究 [J]. 科学学研究, 2006 (2).

[43] 张聪群. 基于集群的产业共性技术创新载体：官产学研联盟 [J]. 宁波大学学报（人文科学版），2008 (5).

[44] 赵美英, 李卫平, 张丁榕. 江苏产学研联合创新模式研究——以常州市产学研合作现行模式为例 [J]. 无锡商业职业技术学院学报, 2010 (1).

[45] 温瑞珺. 浙江省企业自主创新能力评价研究 [D]. 杭州：浙江工业大学，2005.

[46] 仇菲菲. 企业自主创新能力指标体系构建及指数编制 [D]. 兰州：兰州商学院，2008.

[47] 原磊. 企业自主创新路径的演化分析 [D]. 太原：山西大学，2008.

[48] 郭红. 四川省服务业自主创新能力评价与创新路径的选择 [J]. 科技管理研究，2009 (11).

[49] 张学文, 赵惠芳. 基于二维要素的自主创新路径模型——河北省制药企业的实证分析 [J]. 科技管理研究，2010 (3).

[50] 朱洁, 杨丽华. 自主创新视角下国外临港产业集群的发展及启示 [J]. 价格月刊，2011 (1).

[51] 赵晓庆, 许庆瑞. 自主创新模式的比较研究 [J]. 浙江大学学报社会科学版，2009 (7).

[52] 傅利平, 张出兰. 引进式技术跨越型企业创新路径探讨 [J]. 科技管理研究，2010 (5).

[53] 韩朝胜. 区域创新：从路径依赖走向路径创造 [J]. 求索,

2010（1）.

［54］David Ricardo. On the principles of Political Economy and Taxation ［M］. London：John Murray，1817.

［55］Heckscher E. The effect of foreign trade on the distribution of income ［J］. Ekonomisk Tidskriff，1919.

［56］Ohlin B. Interregional and International trade ［M］. Harvard：Harvard University Press，1933.

［57］Raymond Vernon. International and International trade in the product life cycle ［J］. The Quarterly Journal of Economics，1966.

［58］Krugman P. Increasing returns，monopolistic competition and international trade ［J］. Journal of International Economics，1979，9（4）.

［59］Vanek J. Variable factor proportions and inter-industry flows in the theory of international trade ［J］. Quarterly Journal of Economics，1963，77（1）.

［60］Melvin J R. Intermediate goods，the production possibility curve，and gains from trade ［J］. Quarterly Journal of Economics，1969，83（1）.

［61］赵锦春，谢建国. 需求结构重叠与中国的进口贸易——基于收入分配相似的实证分析 ［J］. 国际贸易问题，2014（1）.

［62］宋捷. 产品内国际分工与中国的选择 ［D］. 上海：复旦大学，2011.

［63］Feenstra，Robert C. Integration of trade and disintegration of production in the global economy ［J］. Journal of Economic Perspectives，2003，12（4）.

［64］Krugman P. Geography and Trade ［M］. Cambridge Mass：MIT Press，1995.

［65］卢锋. 产品内分工 ［J］. 经济学季刊，2004（10）.

［66］田文. 产品内贸易的定义、计量及比较分析 ［J］. 财贸经济，2005（5）.

［67］Alan V. Deardorff. Fragmentation Across Cones ［J］. Rise Discussion Paper, 1998: 427.

［68］张莹. 产品内分工：文献综述［J］. 中南财经政法大学学报, 2006 (3).

［69］Coffey, Amanda, Paul Atkinson. Making sense of qualitative data ［M］. CA: Sage Publications, 1996.

［70］John H. Marburger. Science and Government ［J］. Physics Today, 2006 (6).

［71］Michael Porter. Competitive advantage: Creating and sustaining superior performance ［M］. New York: New York free press, 1985.

［72］Shank J. and Govindarajan V. Strategic Cost Management and the Value Chain ［J］. Journal of Cost Management, 1992 (12).

［73］Kogut B. Designing global strategies: comparative and competitive value-added chains ［J］. Sloan Management Review, 1985, 26 (4).

［74］Krugman P. What is new about the New Economic Geopraphy ［J］. Oxford of Economic Policy, 1998 (2).

［75］Gereffi G. A commodity chains framework for analyzing global industries ［Z］. Working Paper for IDS, 1999b.

［76］Gereff G. Shifting governance structures in global commodity chains, with special reference to the Internet ［J］. American Behavior Scientist, 2001b, 44 (10).

［77］United Nations Industrial development organization competing through innovation and learning-the focus of UNIDO's Industrial development 2002/2003 ［R］. Vienna, 2002.

［78］徐宏玲, 李双海. 价值链形态演变与模块化组织协调［J］. 中国工业经济, 2005 (11).

［79］张辉. 全球价值链动力机制与产业发展策略［J］. 中国工业经济, 2006 (1).

［80］刘志彪, 郑江淮. 长三角经济增长的新引擎［M］. 北京：中

国人民大学出版社，2007.

[81] 张剑. 全球价值链视角下中国制造业地位的提升 [J]. 企业经济，2007 (6).

[82] 范云芳. 全球价值链分工的特征及对中国的启示 [J]. 长安大学学报，2008 (3).

[83] Gereffi G., Korzeniewicz M. Commodity chains and global capitalism [C]. CT: Greenwood Press, 1994.

[84] Henderson J. Economic dynamics in the Asia Pacific [C]. London: Routledge, 1998.

[85] Humphrey J., Schmitz H. Governance and upgrading: Linking industrial cluster and global value chain [R]. IDS Working Paper 120, Brighton, 2000.

[86] Humphrey J., Schmitz H. How does insertion in global value chains affect upgrading in industrial clusters [J]. Regional Studies, 2002 (36).

[87] Gereffi G., Humphrey J., Sturgeon T. The governance of global value chains [J]. Forthcoming in Review of International Political Ecnomy, 2003, 11 (4).

[88] Sturgeon T., Lee J-R. Industry Co-evolution and the rise of shared supply-base for electronics Manufacturing [R]. Nelson and Winter Confernece, 2001.

[89] 张辉. 全球价值链理论与我国产业发展研究 [J]. 中国工业经济，2004 (5).

[90] 张向阳, 朱有为. 基于全球价值链视角的产业升级研究 [J]. 外国经济与管理，2005 (5).

[91] 毛加强. 产业集群潜入全球价值链方式与升级路径 [J]. 现代经济探讨，2008 (10).

[92] 李美娟. 中国企业突破全球价值链低端锁定的路径与选择 [J]. 现代经济探讨，2010 (1).

［93］张珉, 卓越. 全球价值链治理、升级与本土企业的绩效——基于中国制造业企业的问卷调查与实证分析［J］. 产业经济研究, 2010（1）.

［94］Gort, Klepper S. Time paths in the diffusion of product innovations［J］. The Economic Journal, 1982（9）: 630 - 653.

［95］陈柳钦. 有关全球价值链理论研究综述［J］. 南都学坛（人文社会科学学报）, 2009（5）.

［96］曹明福. 全球价值链分工的利益分配［D］. 陕西: 西北大学, 2007.

［97］王延昆. 中国参与产品内分工——提高价值链分工地位研究［D］. 石家庄: 河北大学, 2009.

［98］范云芳. 全球价值链分工的特征及对中国的启示［J］. 长安大学学报, 2008（3）.

［99］刘婷, 平瑛. 产业生命周期理论研究进展［J］. 湖南社会科学, 2009（8）.

［100］Kleppers, Graddy E. The evolution of new industries and the determinants of market structure［J］. Rand Journal of Economics, 1990, 21（1）.

［101］Agarwal, Raishree, Gort Michael. The evolutionary of market and entry exit and survival firms［J］. Review of economics and statistics, 1996, 78（3）.

［102］Kleppers S. Simons. Innovation and industry shakeouts［J］. Business and. Economic History, 1996（25）.

［103］盖翊文. 产业生命周期中产业发展阶段的变量特征［J］. 工业技术经济, 2006（12）.

［104］王永刚. 技术创新与产业生命周期［J］. 商业研究, 2002（5）.

［105］Grassman G. Helpman E. Innovation and Growth in the global Economy［M］. Cambridge, Mass: MIT Press, 1991.

［106］黄莉莉, 史占中. 产业生命周期与企业合作创新选择［J］.

上海管理科学，2006（1）.

[107] Albert Hirschman. The Rhetoric of reaction：perversity，futility，jeopardy [M]. MA：the Belknap Press of Harvard University Press，1991.

[108] W. W. Rostow. The Great Population Spike and After：Reflections on the 21st Century [M]. Oxford：Oxford University Press，1998.

[109] 陈刚. 区域主导产业选择的含义、原则与基准 [J]. 理论探索，2004（2）.

[110] 李俊林. 基于DEA模型的区域主导产业选择方法研究 [J]. 河北工业大学学报，2011（6）.

[111] 赵大平，汤玉刚. 中国高新区分工模式的缺点与转换路径分析 [J]. 研究与发展管理，2009（10）.

[112] 关爱萍，王瑜. 区域主导产业的选择基准研究 [J]. 统计研究，2002（12）.

[113] 江世银. 区域产业结构调整与主导产业选择研究 [J]. 上海：上海人民出版社，2004.

[114] 姚效兴. 基于循环经济的区域主导产业选择研究 [D]. 河海大学，2006（12）.

[115] 刘兴宏. 基于新型工业化道路的区域主导产业选择研究 [D]. 华中科技大学，2007（5）.

[116] 邵光宇，白庆华，王浣尘. 人力资本约束下区域主导产业选择方法 [J]. 哈尔滨工程大学学报，2009（6）.

[117] 陈婕. 论区域主导产业的选择 [J]. 财经科学，1993（1）.

[118] 戴宾，秦薇. 区域主导产业选择的社会标准及其应用 [J]. 社会科学研究，2001（3）.

[119] 黄西川，叶国挺. 技术制胜：面向知识经济时代的企业战略范式 [J]. 现代经济探讨，2006（9）.

[120] 秦耀辰，张丽君. 区域主导产业选择方法研究进展 [J]. 地理科学进展，2009（1）.

[121] 于美玲，周德田，张辉．基于因子分析的山东省主导产业选择研究 [J]．工业技术经济，2011 (9)．

[122] Michael E. Porter. Location, competition and economic development [J]. Economic Development Quarterly, 2000, 14 (1): 15–34.

[123] 江蕾，李小娟．我国区域自主创新能力的评价体系构建与实际测度研究 [J]．自然辩证法通讯，2010 (3)．

[124] 王鹏，曹兴，龙凤珍．区域自主创新能力研究综述 [J]．学术论坛，2011 (1)．

[125] 王燕．区域经济发展的自主创新理论研究 [D]．沈阳：东北师范大学，2007．

[126] 纪宝成．中国走向创新型国家的要素 [M]．北京：中国人民大学出版社 2008．

[127] 中国科技发展战略研究小组．中国科技发展研究报告 2009 [M]．北京：科学出版社，2010．

[128] 张经强．区域技术创新能力评价：基于因子分析法的实证研究 [J]．技管理研究，2010 (5)．

[129] Gereffi. The organization of buyer-driven global commodity chains: How US retailers shape overseas production networks [A]. Commodity chains and global capitalism, 1994 (5).

[130] 张国良，陈宏民．国内外技术创新能力指数化评价比较分析 [J]．系统工程理论方法应用，2006 (10)．

[131] 孙晓华，原毅军．因子分析法在企业自主创新能力评价中的应用——以辽宁工业企业为例 [J]．科技管理研究，2008 (6)．

[132] 李洁．美国国家创新体系—政策—管理与政府功能创新 [J]．世界经济与政治，2006 (4)．

[133] 饭沼和正．从模仿到创造——处于转折点的日本技术 [M]．太原：山西科学技术出版社，1995．

[134] 陶良虎．产业集群创新动力模型 [J]．江海学刊，2008 (2)．

[135] 周程. 以市场需求支撑技术创新 [J]. 发明与创新（综合科技），2010（4）.

[136] 江沿. 后发国家自主创新中的政府作为——试述韩国、芬兰的成功实践对中国的启示 [J]. 创新，2007（4）.

[137] 文嫣. 价值链空间形态演变下的治理模式研究 [J]. 中国工业经济，2006（2）.

[138] 徐碧祥. 企业技术创新过程的价值链分析 [J]. 科技进步与对策，2003（8）.

[139] 任家华，牟绍波. 基于全球价值链资源整合的自主创新研究 [J]. 中国科技论坛，2009（5）.

[140] Gerschenkron Alexander. Economic backwardness in historical perspective [M]. Harvard university press，1962.

[141] 易先忠. 自主创新、技术模仿与中国技术赶超 [D]. 长沙：湖南大学，2008.

[142] 左大培，杨春学. 经济增长理论模型的内生化历程 [M]. 北京：中国经济出版社，2007.

[143] Hummels D.，Ishii J.，Yi K. M. The nature and growth of vertical specialization in world trade [J]. Journal of International Economics，1999，54（1）.

[144] 平新乔. 垂直专门化：产业内贸易与中美贸易关系 [D]. 北京：北京大学，2005.

[145] 张少军. 全球价值链与国内价值链——基于投入产出表的新方法 [J]. 国际贸易问题，2009（4）.

[146] 刘广生. 基于价值链的区域产业结构研究 [D]. 北京：北京交通大学，2011.

[147] 龚一斌. 自主创新与全球价值链嵌入产业升级 [J]. 经济与管理，2006（8）.

[148] 刘婷，平瑛. 产业生命周期理论研究进展 [J]. 湖南农业科

学，2009（8）.

[149] 王永刚. 技术创新与产业生命周期 [J]. 商业研究，2002（5）.

[150] 盖翊中. 产业生命周期中产业发展阶段的变量特征 [J]. 工业技术经济，2006（12）.

[151] 胡晓鹏，企业技术创新的模式选择与动态均衡——基于产业演进的思考 [J]. 科学学研究，2007（12）.

[152] Castells M. The Information Age: Economy, Society and Culture. Vol. 1: The Rise of the Network Society [M]. Blackwell Publishers, Oxford and Malden, MA, 1996.

[153] 区域自主创新联盟与区域创新资源整合管理研究 [A]. 余博. 中国管理学年会论文集 [C]. 北京，2008.

[154] Sawyer R. K. Social Emergence: Societies as Complex Systems [M]. Cambridge University Press: Cambridge, 2005.

[155] Ahweiller P. Innovation in Complex Social Systems [M]. Routledge: Routledge Studies in Global Competition. 2010.

[156] Pyka A. Applying Comprehensive Neo-Schumpeterian Economics to Latin American Economies [J]. Structural Change and Economic Dynamics, 2010, 21（1）.

[157] 洪银兴. 自主创新投入的动力和协调机制研究 [J]. 中国工业经济，2010（8）.

[158] 张瑾，陈丽珍，陈海波. 长三角地区生产型服务业的产业关联比较研究 [J]. 中国科技论坛，2011（3）.

[159] 杜鹏程，孔德玲. 泛长三角区域创新能力比较与创新体系构建 [J]. 安徽大学学报（哲学社会科学版）2009（9）.

[160] 高越，杨明. 生产分割体系下山东制造业价值链升级的经验分析 [J]. 华东经济管理，2011（3）.

[161] 江洪. 自主创新与我国产业结构的优化升级 [D]. 湖北：华中科技大学，2008.